许丹红 —— 著

一路修炼,做智慧班主任

大夏书系 — 全国中小学班主任培训用书

华东师范大学出版社
·上海·

图书在版编目（CIP）数据

一路修炼，做智慧班主任 / 许丹红著 . 一上海：华东师范大学出版社，2025.
— ISBN 978-7-5760-6202-1

I. G451.6

中国国家版本馆 CIP 数据核字第 2025CV2186 号

大夏书系 | 全国中小学班主任培训用书

一路修炼，做智慧班主任

著　　者	许丹红
责任编辑	卢风保
责任校对	杨　坤
封面设计	奇文云海 · 设计顾问

出版发行	华东师范大学出版社
社　　址	上海市中山北路 3663 号　邮编 200062
网　　址	www.ecnupress.com.cn
电　　话	021-60821666　行政传真 021-62572105
客服电话	021-62865537
邮购电话	021-62869887
地　　址	上海市中山北路 3663 号华东师范大学校内先锋路口
网　　店	http://hdsdcbs.tmall.com/

印 刷 者	三河市龙林印务有限公司
开　　本	700×1000　16 开
印　　张	13.5
字　　数	187 千字
版　　次	2025 年 6 月第一版
印　　次	2025 年 6 月第一次
印　　数	5 100
书　　号	ISBN 978-7-5760-6202-1
定　　价	59.80 元

出 版 人	王　焰

（如发现本版图书有印订质量问题，请寄回本社市场部调换或电话 021-62865537 联系）

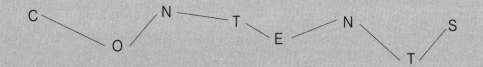

目 录

第三辑　尽管一地鸡毛，仍努力寻找班主任工作的诗意

附录　成长，源自内心觉醒

代序　在教育中领悟生命价值

30 年从教之路，我从最偏僻的村小启程，乡中心小学、城郊接合部小学、市实验小学、与上海合作办学的学校，现如今来到省城，我始终坚持一颗初心，在做好教育工作的过程中，做自己命运的主人，走出了一条"自我救赎"之路，为自己开了一朵花。

自我疗伤

20 世纪 90 年代初，中师毕业的我，被分配到了我小学就读的偏僻村小工作，望着那一块块黯淡和残破的青砖蓝瓦，心里涌起了一股复杂的滋味——怅惘、孤独、失落……

那时，城乡差别大，我的同班同学大都去了镇小或乡中心小学，我默默告诉自己，朝前看。我初为人师的激情与理想很快疗好了在偏僻村小任教的伤，凭借着前辈们推荐的《愉快教育法》《李吉林情境教学—情境教育》等屈指可数的参考书，我寻觅着梦中失落的欢笑：白天，教书、批改作业、做游戏，宛如一位大姐姐，与孩子们一起笑一起闹；晚上，在淡淡的灯光下，如一个小学生，伏案精心准备第二天的教案，努力挖掘教材中的快乐因素……那盏橘黄色的台灯因"操劳"过度"累"得变了形……

刚毕业的我，对待工作到了呕心沥血的地步。也许，我刚踏上工作岗位，在启迪和引导上还缺乏方法，也许是我操之过急……总而言之，我全身心投入，回报我的成绩却不尽如人意。期末考试，我们班优秀率全乡第一，但有6个孩子高挂"红灯笼"（不及格），导致平均分全乡最后一名。

学期结束前，全体教师在乡中心小学召开会议。那天下了一场纷纷扬扬的大雪，雪堆积得很厚很厚。我徒步去乡中心小学开会，在冰天雪地中，我一步一滑，慢慢前行，瑟瑟的寒风吹在脸上如刀割一样，40分钟后，到达了目的地。老校长总结发言，表扬了其他三位新教师，唯独没有提到我。都说一分耕耘一分收获，为什么我辛苦播种却颗粒无收呢？会议中途休息时，我站在走廊上再也控制不住自己，一串串泪珠儿顺着我的脸颊往下淌……

工作第一年，我咀嚼了失败的滋味。谁的前进路上，没有失败呢？我擦干眼泪，继续往前走。

自我鞭策

第二年，浙江省九年制义务教育新教材来了，我新接了一年级，人数不多，26人，语数包班。吸取了上一年的失败教训，我每天蛰伏着，不断自我鞭策着，默默耕耘着。这一年我彻底打了一场翻身仗，期末考试语数成绩双双荣膺全乡第一。

一如既往，我每晚精心备课。

投之以桃，报之以李，在一年后的新教师评优课选拔赛中，在一没试教，二无指导的情况下，我从65堂语文课中脱颖而出，幸运地成为为数不多的晋级复赛的教师之一。

作为新教师的我，第一次让同事们刮目相看。我感受到了从未有过的欣喜。这次比赛让我深深领悟到，星光不负赶路人，唯有不断进行自我鞭策，才能做自己命运的主人，为自己开一朵花。

三年村小生活，有过失落、迷茫、失败和不安。成龙演唱的《壮志在我胸》是我当时最爱听的歌曲，它时刻鞭策着我。同村的女孩时常约我去看电影，我总是以备课为由婉言谢绝。一灯、一茶、一书、一笔，一个人踽踽前行的日子，独上高楼的日子，宁静而寂寥。

自我突围

三年后，我离开村小，来到乡中心小学，参加了学校举行的各类优质课评比，每次都榜上有名；学校给了我上各级各类公开课的机会，我还获得了浙江省桐乡市首届双高课语文优胜奖。各种荣誉纷至沓来……

2003年8月，通过层层竞聘，我从一名乡村女教师如愿成为一名市属学校的教师。转眼到了第二年的3月，学校评市、校级骨干的时间到了。我同时申报了市、校级骨干，满以为校级稳如泰山，然而事与愿违。我恍然明白，初来乍到，一切回归原点。怎么办？我该如何在新学校立足？如何得到领导与同事的认同？我的专业成长点在哪儿？

我渴望在新环境中有人拉我一把，渴望领导能给我搭建一些培训平台，渴望我能拜市里的名师为师……当看到一个个培训机会都悄悄与我擦肩而过，我幡然醒悟：与其祈祷别人帮助自己，不如自我突围，让自己变得强大。我抛却了抱怨，放弃了嘘叹，默默开启了一个人的"自我救赎工程"。我买来了电脑，开通了网络，开启了网络学习之旅。

我永远记得这个日子——2004年10月2日，误打误撞的我进入了"教育在线"论坛，宛如一只嗡嗡叫的小蜜蜂进入了一个争奇斗艳的百花园。看着全国优秀的同行们不知疲倦地阅读、写作、实践，我原本潜在心底的教育热情被最大限度地激发了。我的教育生涯掀开了新的篇章：我开始疯狂阅读苏霍姆林斯基的著作，我如了魔一般，恣意阅读教育书籍……

我开始学着做课题，一边摸索一边前行；我开始写教育日记，投身教科研，自己找切入点，默默研究……每学期我发表数十篇文章，课题荣获嘉兴市一等奖，引来领导、同事的关注。我耕耘着，静心教书、潜心育人。我用教科研进行自我突围，让领导、同事们看见了我的存在。

自我勉励

受苏霍姆林斯基育人观的影响，我弃文从德，放弃了原本喜欢的小学语文学科钻研，走上了班主任专业化发展之路。

结合心理学、教育学以及班级情况，我每半个月给全体家长写一封信，系统干预、提升农村家长的家庭教育素养，评选"感动班级十大好爸爸""感动班级首席好妈妈"等，用发表扬信、喜报，邀请家长来班级等别具一格的方式激励家长，让他们更多地关注孩子的学习，做教育的合伙人。

我创建特色班级文化，取班名，编写班级励志口号，创作班歌，开设符合班级学情的班级课程，让孩子们找到了自信，找到了班级发展之路。

我进行创意评语创作，通过写信或者创作诗歌的形式给每一个孩子写评语，走进了孩子的心灵，鼓励他们朝着青草更青处漫游。

我坚持每天阅读，坚持班级日记的写作，在不间断地阅读、实践、反思、写作中提升自己。从2008年出版第一部教育专著到如今，我已出版了八部专著，走上了一条著书立说的研究型教师之路。朱永新老师说，只有做得精彩，才能写得精彩。为了写得精彩，我每天精心酝酿，用心编织与孩子们在一起的每一个日子，留下了一个又一个精彩的故事，带出了一个又一个优秀的班级。

纪伯伦说，工作是看得见的爱，通过工作来爱生命，你就领悟了生命最深刻的秘密。我应该觉得庆幸，在青春尚在我身上徘徊的时候，我能及时找到工作的乐趣；当许多教师抱怨班主任工作的烦琐无奈时，我却享受着其中的乐趣……

一路前进，一路高歌。

只要往前走，总有一场隆重的盛宴等着你。

（原载于《中国教育报》，2022年9月8日，有改动）

一路修炼，做智慧班主任

口才助攻，成为智慧班主任

2021 年暑假，我到杭州应聘，专家评委发出灵魂拷问："许老师，你出了这么多专著，那你觉得你做得好，还是写得好呢？"我自信满满地"霸气"回答："我不仅善于实践，班级带得好，也善于思考和记录，已经出版了八本专著。我还擅于演讲，口才也不错！我想，这也是一位优秀班主任该具备的能力。"全国优秀教师钟杰有一本专著《做个能说会做善写的班主任》，说做写是一位优秀班主任该具备的三大核心能力。我们常说，真正的高手在民间，每一所学校，善于带班、能把班级打理得井井有条的班主任很常见，但大多只能墙内开花，无法在专业道路上走得更远。究其原因，许多班主任不注重积累，不动笔尖，不善于演讲，阻滞了专业发展。

如果一位班主任拥有良好的口才，能说会道，舌吐莲花，就能让学生更爱听他的课，更爱听他的教导。会说，是一位班主任专业发展的核心能力之一。我一直在想，这些年我在班主任专业上被越来越多的领导、老师认可，走出这么 条路，离不开我的口才和在演讲方面的不断锻炼。

我刚做老师时，才 19 岁，在师范学院的三年生活中我很自卑，这使得我变得胆小和羞怯。为了锻炼自己的口才，我专门订阅了《演讲与口才》，不断从杂志上汲取营养，也积极参加片区组织的演讲比赛。在我工作的第三个年头，学校派我去桐乡二中参加演讲比赛。我结合自己班级里我认为感人的事例，写了一篇《让青春永远有价值地燃烧》的文章："理想？无奈？追求？……总之，我跨入了师范的门槛，三年的锤炼和打造之后，我又迈进了这样一所破旧的村小，生活就像一条抛物线，我又回归到了原点……"我精心准备着，每晚下班回来对着镜子演讲着。我读书时的班主任郭老师在我的毕业留言本上这样写道："其实，我发现你的朗诵和演讲能力很棒！"对于在校园里存在感较低的我而言，这小小的鼓励，宛如一道黑暗中的光亮，温暖了我的心房。

其他学校的参赛选手都有领导陪着前去，互相打着招呼，彼此稔熟，而我孤身一人。我抽到三号。很快轮到我了，我演讲着，投入着，深情着，自我感觉不错。后来，我看到有幼儿园老师演讲时居然声泪俱下，着实让年轻的我惊呆了，演讲可以做到如此煽情（注：这位幼儿教师，比我早两届评上浙江省特级教师，非常优秀），我大开眼界。一个评委都不认识的我，理论上不占便宜，也许，我讲得并不怎么样，总之，别说没拿到一等奖了，连二等奖都没拿到。颁奖时，我听到一位50多岁慈眉善目的长辈在问别的老师："三号获奖了吗？三号老师获奖了吗？"当他听到三号只获了安慰奖——三等奖时，他表示诧异："没有吗？我刚刚听了，觉得很好呢！""觉得很好呢"，这给我原本失落的心带来了一点安慰。隐约中，我听到有老师喊他张校长，心想：莫非他就是鼎鼎有名的二中张校长？后来证实，果然是张校长。

在教师这个岗位上，我曾深深蛰伏着，很长一段时间，我有点迷茫，也渴求在关键时候，有人能拉我一把。在从事教育工作的岁月里，我独自摸爬滚打着，蹒跚前进着。素昧平生的张校长的鼓励话语，时时出现在我的耳边。虽然没有获得好名次，但有什么关系呢？"我演讲得很好！我善于演讲！你看，桐乡这么有名的张校长都赞扬我呢！"这样的自我暗示，伴随我一路在班主任专业上展翅飞翔。

我自认还算良好的语感以及口才，离不开我童年的影响——

我家祖辈世代务农，母亲是文盲，只上过一天学，那天她是带着我那不到一岁的小舅一起去的，被村小老师轰出了教室。那天的场景，渴望学习的可怜娘亲历历在目，"日、月、火、土"四字依旧深深印在她脑海里。某天我考她，这四个字她果真认识。我外婆生养小孩多，我那排行老二的母亲，小小年纪就和大舅下田干活。我无法想象，一个六七岁的女孩，明明自己还需照顾，怎么能做到带孩子呢？所谓穷人家的孩子早当家，就是这个道理吧。

我父亲只读到三年级，他聪明好学，成绩优异，因家境贫寒而辍学。老师几次三番上门，被我奶奶用语言气走。

我奶奶是个童养媳，天性聪颖，没读过一天书，记忆力超群，口算乃村上一绝。买或卖啥东西，几斤几两多少钱，我奶奶能在极短时间内算出，少有人能比。农村妇女流行织土布，要算头数，我奶奶若在旁边，众大妈刚报出有多少头数，她即刻算出。几年前卖了几斤菊花，收入多少钱，哪位先祖什么时候忌日，奶奶都记得清清楚楚，分毫不差。这样的好记性一直延续到她70多岁，如此聪明伶俐，不多见。她在世时，我常常对她说："奶奶，你若读书，就是北大清华的料。"

我的奶奶来自大户人家。我小时常常听她说，她的妈妈，一辈子有人伺候，不烧一餐饭，不洗一件衣服。出身于这样的好人家，却在出生后第72天，到穷到快要饭的我爷爷家做童养媳。只因奶奶的爷爷的陈旧观念——"女儿一百岁也是别人家的"，她便无缘成长在一个富裕家庭。那时的社会，男尊女卑，女子地位低。尽管家庭富裕，却因女儿总归要出嫁的想法的影响，她刚出生不久就被送到穷得揭不开锅子的我爷爷家了。我想，这也是奶奶与爷爷的缘分吧！两人相亲相爱，相携相伴了整整80年。

也许，我和弟弟读书方面的灵气来自奶奶的好基因。在20世纪80年代的江南农村，文化还没普及，从首都北京来的一位记者调查后写了一篇纪实报道《嘉兴地区教育为何落后》，说茅盾故乡文盲多，引起强烈的反响，这篇报道反映了当初家乡的真实境况。同村小伙伴的父母也基本不认字，与我家父母差不多，我们小时候读书全靠自身的秉性与自律。

小学五三制，升初中需选拔。若当年没考上，想继续求学，只能留级。九年制义务教育制度是1986年7月才开始施行的，那年我已在读初二了。一到五年级的小学阶段，班上留级生多。村里与我差不多年龄的小伙伴，无论男女，大多需留级一到两次，方能考上初中。我和弟弟从小就是老师、父母口中别人家的孩子吧。

小时候，我母亲常常得意洋洋地说这样一个细节：

在我家第一次改造房子时，我还不到 13 个月，还不会行走，站在立桶里，嘴巴已很会叫人，我见陌生的泥工师傅就"伯伯，伯伯"地叫。那几位师傅听我叫，总是夸："这个小丫头真是聪明伶俐！"

我母亲常常对于我没继承她村花的相貌优点耿耿于怀，但每每说起我小时候因聪明、口才好、记忆力好被村里人夸的细节，总是眉开眼笑。毕竟，有人夸自家孩子聪明，自然是一件开心事儿。

我母亲虽然不识字，但她懂得教育孩子。我三四岁时，我母亲经常用方言教我土童谣。一首长长的土童谣，同村的孩子很难记住，我只需大人一教，就会一字不漏背下来，嗓音粗粗的，站在那儿讲给大人听时不怯场，不害怕，小模小样，摇头晃脑有特色。掌声、鼓励声、欢呼声响起，我更有成就感了，也更乐于背童谣了。住我家后面的良夫伯伯时常抱我去他家背土童谣，我摇头晃脑地背完了，他们听得兴趣盎然，拆状元糕给我吃。那个年代物资匮乏，很少有零食吃，状元糕这种东西，我家根本舍不得买。有零食吃，我背起土童谣来可开心了！

幼小时童谣的熏陶，加之读小学时遇见了口才特别棒、特别幽默的姚老师，让身居乡村的我，获得了最好的启蒙教育。

但丁说："语言作为工具，对于我们之重要，正如骏马对骑士的重要。最好的骏马适合于最好的骑士，最好的语言适合于最好的思想。"母亲经常教我一些口耳相传的童谣，不知不觉中培养了我良好的语感和节奏，这为我日后做老师和班主任做了良好铺垫。

班主任是需要点口才的。苏霍姆林斯基说，谈话法是老师与学生交流最常用的方法。一位班主任拥有良好的口才，能够让自己的工作得心应手，与学生之间的交往、与家长之间的交往更加和谐完美。

老师吃开口饭的，班主任要与学生、家长、同事打交道，口才尤为重要。而好口才是练出来的！

好口才从速读开始

在管建刚老师的《一线带班》中，我看到他经常让学生练习速读，并记录一篇课文需要几分钟读完，这其实也有助于学生提高口才。班主任向学生传授知识的时候，一副流利的口舌必不可少，这样学生才容易理解老师所表达的东西，而练习速读可以让我们做到口齿伶俐、语音正确。不要觉得练习发音吐字很枯燥，这是对老师最基本的要求！央视主持人白岩松刚进央视时，每天翻看字典，反复拼读，并模仿古代一位演说家的做法，嘴里含着一颗石头，练习绕口令……经过一段时间的苦练，白岩松练就了标准的普通话。

作为班主任，我们可以经常找一些文章，快速读出来，读的过程中不要有停顿，发音尽量正确，吐字要清晰。可以用手机的录音功能把我们的速读记录下来，经常自己听一听，找出不足，进行改进，继续训练，也可以让同事或好朋友听听我们的速读练习，让他们帮我们挑挑毛病。

储备，做到心中有墨

一位优秀的班主任，张嘴就是一段名人名言，张嘴就是一个励志小故事，张嘴就是一位名人的故事。所以，我们做班主任的，要多背诵一些名人名言，多背诵一些好词好句，多背诵一些名人故事。记忆是练习口才的必不可少的一种素质，如果还能加上优美的动作、生动的语调，不就更吸引学生吗？

班主任可以利用碎片时间背诵。于漪老师在办公室里，上下班坐在公共汽车里，下班回到家里，忙里抽闲地背，即使外面很喧闹，她也能静下心来认真地背。班主任若能坚持一个星期背几句名言警句，背一到两篇文章，记一个名人励志故事，并对着镜子练习自己的肢体动作，便既锻炼了口才，又储备了资源库，教育孩子时，信手拈来，多潇洒，多有魅力！

演讲教育故事，做到坚持不懈

每一位班主任每天都在带班，班级里每天都在上演着精彩的故事，这可是一笔宝贵的财富哦！我的好朋友徐建利，是浙江省初中语文特级教师，她对自己要求很高，为了训练演讲能力，每天用微信视频号演讲和记录教育现象，坚持了整整三年。她的演讲能力、观察能力、思考深度，与三年前相比，不可同日而语。

觉得自己口才不好的班主任，可以每天坚持讲一个教育故事，记录在手机中，演讲时可以在脑海中画一个思维导图搭框架，长此以往，口才必将上升几个台阶。

博览群书，出口成章

一个班主任，想要靠口才征服学生，绝对不可能只靠教材上的那点知识，一定要博览群书，知识面宽泛。肚子中有货，才能嘴上添花！铁齿铜牙纪晓岚想必大家都很熟悉，三寸不烂之舌，口才非常了得，他的口才，实在离不开他的积淀。

经典书籍一定要看，时事热点一定要跟，祖国各地、世界各地一定要览，走走看看，过脑、入心，出口成章。

一副好口才是通过后天的刻苦训练得来的，台上一分钟，台下十年功，只要坚持下来，我们的带班能力就会熠熠生辉。口才助攻，让我们成为智慧型班主任，工作更加得心应手。

谨防好学生的放纵时刻

从小学到初三，在老师的眼中，我一直是品学兼优的好学生。

我是八虚岁上的小学，因从小有童谣浸润，比乡里乡亲的小伙伴有更好的熏陶，所以拼音记得快，只需老师教一遍，就能记住。

两三天后，我就被教语文的姚老师"慧眼识珠"，奖励做小老师了。我拿着教鞭，站在讲台前一遍又一遍地领读着，心里充满了成就感和幸福感。

每天去上学，我拥有一份说不出的快乐和憧憬。被肯定、被认可带给了我巨大的满足感。苏霍姆林斯基说，每一个孩子的心灵深处都有做一个好孩子的愿望。童年求学时的这段经历，让日后踏上教育岗位做了班主任的我知道了要多鼓励学生，多唤醒学生沉睡的心灵，搭建各种各样的平台，努力让每一个孩子都有被认可、被表扬的成就感。

我记得小学平时没什么考试，但期末一定会考。我和弟弟每学期都能捧张三好学生奖状回家。我母亲认认真真地用饭粒把奖状贴在墙壁上。每每有亲朋好友或者同村的长辈来到我家，看到那满墙的奖状，对我们姐弟都赞不绝口。满墙的奖状，让父母觉得很自豪！

教我的小学老师，大多自身文化水平有限，甚至也有小学尚未毕业的乡村代课老师，有的老师连普通话都不会讲。

最正儿八经的一场考试，是小升初。考场简陋，位于校园里那空旷的泥巴操场上——其实根本没有操场，无非就是几间平房前围就的一块空地。我就读的小学，是 20 世纪模仿苏联造就的苏式对称平房，这种建筑曾经很流行，但等我入小学时，已渐渐没落。考试时学生们一人一桌，监考老师是外校来的。我第一次领略了什么是正规考试。那次考试，我们学校考上初中的应届生还不到十个。

初一、初二依然在我就读的小学里，它同时也是我们乡初中的一个教学点，初一、初二各一个班，聚集了邻近三所乡村小学选拔上来的学业相对优秀的同学。除班主任沈老师是正式编制老师，其他学科清一色代课老师。班里的男生，父母疏于管教，顽劣无比，又处青春叛逆期，与老师打架、逃学等现象屡见不鲜。

一位年轻的小个子代课老师，教我们物理。他自身文化不高，讲课不吸引人。我们内心看不起这位老师，不知是谁，想出了一个恶毒的羞辱性绰号，我们常常用这个绰号代替他的名字，还不时笑得前俯后仰。

有位徐同学，不爱读书，上课睡觉，被老师提醒后，公然顶撞老师并对老师拳脚相加。人高马大的徐同学使出了《射雕英雄传》中梅超风的"九阴白骨爪"神功，打得老师两眼乌青……本以为这位老师已被我们气走，不再来代课，谁知休息了几天后，又站在了讲台前。

我小舅舅结婚那天，我想早点离校去参加婚宴。作为优秀学生的我，不知道哪来的勇气，进行了人生旅程中唯一一次跃窗逃学。那天，我和好友几次去办公室打探情况，终于看到班主任沈老师不在了。我警告四周的同学："不许做告密者，谁告密我就找谁算账！"他们都笑着对我说："没事没事，你去吧！"我双手扒上窗台，甩动手臂，纵身一跳，跳到窗外的草地上，弓着身子快速行走，绕过厕所，风一般地逃离校园，喜滋滋地去外婆家参加婚宴了。

环境太重要了，当你置身于一个四周不爱学习的环境，自然而然就会受到熏陶。要做到出淤泥而不染，真的很难。

做出如此出格的事情，当时内心觉得超级爽，但也提心吊胆了一段时间，怕班主任找我谈话、批评我。两周过去了，风平浪静，啥事儿都没有，一颗悬着的心终于放了下来。

有同学逃学，作为班主任却浑然不知，也许是知道的，只是没有找我谈话。不跟进，不精进，一个班级的班风和班级凝聚力怎么会好呢？

又怎能出得来成绩呢？这样的一段经历，时刻提醒我，作为一位班主任，别小瞧任何一位学生，无论好学生还是潜力生，叛逆和躁动的心，每一个孩子都会有。好学生也会做放纵和出格的事情，对于学业优秀的孩子，我们更需要不断地捶打和鞭策。

初一、初二时，我没学业上的危机，整天和好友惠说说笑笑，看看武侠小说，好不自在逍遥。惠某天借了我一本《碧血剑》，我全然不管第二天要期中考试，一个晚上一口气把它看完了，还感动得涕泪横流，觉得如此好看的书好友自己先不看，愿意先借给我看，这友谊太美好了。我们两人仗着成绩优异，经常联手捉弄捉弄同学，开开玩笑，帮老师批批考卷，好不开心自在。

有一天晚上，我帮代课的语文老师批卷到晚上九点半。整整一沓厚厚的考卷，都是我一人批阅。印象最深的是，在批"祸不单行"这个词语的解释的时候，某位同学的试卷上居然写着"一个人孤孤单单地往前走"。第二天，我分享给惠听，我们两人整整笑了大半天。

从小学到初二，我一直没为学业烦愁过，一直是班里的佼佼者，尤其作文上禀赋突出，全乡举行的现场作文赛，每回都能捧个全乡第二的大奖，给我们的老师长脸。没有一位老师不喜欢我，一说起我，纷纷竖拇指。在偏僻的学校，我小有名气。

过度自信和自满，缺少老师的鞭策，基础不扎实，也为我日后求学上的"碰壁"埋下了伏笔。也是这段"好学生恣意妄为，老师疏于教导"的经历，让日后做班主任的我，不会一味地相信优秀学生，我会透过事情的表面，深挖背后的真实原因。对优秀的学生，我会有更严的要求，更高的标准，鼓励他们不断攀登新的高峰。

我对好学生仗着自己成绩好，企图欺负弱势生的行为保持着一种零容忍的态度，一位班主任要坚持公平公正，这对于整个班风班貌的建设尤有帮助。

每一个学生的内心，都有一场春花秋月

读懂学生的内心，努力趋进学生的心灵。一位智慧班主任，需要懂一些读心术：了解学生的内心所需，了解学生学业、学科上的困惑，了解学生人际交往上的犹豫，了解特殊家庭特殊学生内心的挣扎……每一个学生的内心，都有着一场春花秋月，需要我们做班主任的用心去察觉。

继续聊我热辣滚烫的学生时代。我无忧无虑的快乐学习时光，随着我去离家四里路的乡镇中学读初三而彻底结束。20 世纪 80 年代末，在我的家乡，初三依然需要选拔，没考上的，只能在家务农或自寻出路了。

这里有全乡最好的师资，老师们都是正规公办老师，业务能力强，自身水平高，威慑力强。那时农村的孩子，父母没什么文化，学习方面除了老师的培养，就靠自身的自律。经过层层选拔留下的孩子，都分外好学。班里没有一位同学敢轻举妄动，清一色都是乖乖听老师话的好学生。

我所就读的乡初中正处巅峰时期，名师辈出，中考质量位居片区前列。我如刘姥姥进大观园般，好奇又拘谨地观望。我所在的三〇二班，原先的老同学没几个，最要好的几个都在别的班，我第一次尝到了孤独的滋味。

我第一次知道了数学课可以上得如此条理清晰，第一次知道了上英语课连师生问好都可以用英语，第一次看到化学老师做演示实验，第一次知道原来体育课还有跳箱这类项目。在最偏僻的学校就读时，所谓的体育课，纯粹放羊课，要么玩玩，与好友在操场散散步、聊聊天，要么打打羽毛球。

我也第一次感受到了来自学业的压力。全乡最优秀的学生聚在一起，我不是天才，初一和初二几乎是玩了两年，哪能再如原来一般突出呢？班里有一个来自外乡的男生，数学动辄满分。妈妈是老师的同学芬，学习成绩遥遥领先。当时的我，觉得他们简直学神附身，天才再世，我无法企及。我常暗暗地想：他们成绩怎么这么好呢?! 我浑然不知，这些同学的父母文化水平高，从小为他们打下了坚实的基础，他们的文化底蕴与我这个来自偏僻村小的女孩完全不同。

我文科突出，可以说卓越，语文、政治（法律常识）、英语成绩班上数一数二，数理化明显逊色。某次化学考试，我考了 78 分，在回家的路上百爪挠心，第一次羞愧得想找个地缝钻进去。考试失败的滋味，让我没有了原先的神采。

因离家远，秋冬季节，学校安排了住宿。夜自修时，我常常翻看数理化教材，细细思考上面的文字，企图找点规律寻求突破。我担心我的理科成绩，但很茫然，不知道怎样才能提高，只能无奈地将书本上的那些文字一读再读。那时没有一个人告诉我，若想提高数理化成绩，最佳途径就是多刷几道题，让知识点融会贯通，拥有举一反三的能力。我也不与父母说，知道他们不懂，也帮不了我，在学习方面我从没让他们操过一点心。

那一年，我感觉到了学习的压力，对前途较迷茫。我的成绩在班上排第三四名，年级第十名左右。初三第一学期期末，学校张贴了一个大红表扬榜，上面写着考前十五名的学生的名字。我清晰地记得我位于第十一名，获得了一个喝水的搪瓷杯，上面写着一个大大的"奖"字。看《老师·好》这部电影，苗老师说到那个杯子时，我感触颇深。我知道我想考中专不是稳操胜券，听老师说上一届只有七八个同学考上了。所以，我时常处于一种担心、忧虑中。

初三第二学期，分了快慢班。成绩最好的 40 多名同学集中在一个班，专攻升学，考中专或高中。我亲眼看到我的一位好友流着泪离开了教室，去隔壁慢班就学。

我内心常常不满足于全校第十名左右的成绩。80 年代末，对英语还不重视，考中专时英语成绩不计入其中。考高中才把英语成绩算进去。英语是我的优势学科，但初一、初二玩了两年，代课的英语老师自己都有很多单词不会读，我几乎什么单词也没背。初三时，我遇见了优秀的张老师，在她的调教下，我的英语成绩没低于 98 分过，常常满分。我想：当初我若不做语文老师，应该会选择做英语老师。语文、英语是我当时最擅长、最喜欢的学科。去掉英语，我的排名更靠后些，常常彷徨，不知何去何从。数学卷子一难，最后一道证明题做不出来，排名更不满意。这样想着，我的心中常如十五只吊桶打水——七上八下。

初三的毕业考试，我发挥出色，考了全校第三，是我就读初三以来，最好的一次。我很清楚，若理科卷子难度不高，我就能拿高分。在学习上我有个特点，但凡我做过的和做错过的题目，再遇到时一般不会丢分。我一直处于一种不安和无奈中，想提高自己的理科成绩，每晚捧着数学书、化学书看，书上的字快背得出了，理科依然只处于中等偏上，无法冒尖。无奈、彷徨、犹豫、不安……

父母没有什么文化，不懂，也没有一位老师来关注我的内心，或者来告诉我，若想提高理科成绩可以通过刷题，或者对我进行些心理疏导，尽管我的老师们都非常负责……

年少的这段"不安经历"，让我养成了仔细观察学生、研究学生的习惯，无论成绩好的孩子还是成绩一般的孩子，只要有蛛丝马迹，我都会关注；也养成了每天至少找一到两位学生聊天的习惯，通过聊天互动，了解学生的内心想法，耐心帮助他，解开他的心结，教他一些方法，进行心理抚慰，去了解学生的内心所需。我深深地知道，每一个孩子的内心，都有着一场春花秋月。

人生是一场场不设防的赶考，首考失利又何妨

我终于迎来了人生中第一场非常重要的考试——中考。

考场设在离家 12 里的崇福镇上的桐乡二中。我们骑着自行车去赶考，长长的一列自行车队伍非常壮观。

我家有辆 28 寸的大自行车，是我爸爸的。他在离家近的村里工作，步行上班。那时水泥路没有村村相通，若骑车，要兜大圈，上坡、下坡多，车技差的我看见来车紧张。车子高，我人矮，脚踮不住，我常常怪罪这辆车太大了，不适合我这个小女孩骑。

我放弃了每天骑车上学，与同村小伙伴天天步行 50 分钟走路上学。

那时，真的年幼无知，当老师统计谁不会骑自行车时，我上报我会骑。乡下父母对孩子的学习一直处于放任状态，丝毫没想到可以送我去考，以为借了一辆小舅舅的 26 寸的小自行车，脚能踮住，就没问题了，浑然没想到，我因不常骑车，技术差，路上可能会遇见意外的情况。

就这样，我跟随同学们的车流骑车去考试。约一米二宽的水泥路边上有一个排水沟渠，给我一种心惊的感觉，牛怕自己会掉下去。

一开始平安无事，大约骑到一半的时候，我突然远远地看到一辆摩托车风驰电掣地朝我开来，我紧紧握着车把，心慌意乱，车子扭扭歪歪，我来不及刹车，哎呀！不好了！相撞了！我摔倒了，摔到了沟渠里。我摔得鼻青脸肿。老师带着我去医院包扎，所幸没有什么大碍，我流着眼泪在开考前五分钟进了考场。

那一年，我人生中第一场非常重要的考试——中考失利，我以一分之差与中专失之交臂。

1987 年的夏天，我人生中第一次遭遇重大挫折，心痛、难受、无

奈……各种滋味齐聚心头。

我考了540多分，超过当时最好的高中——桐乡一中分数线将近20分，当初志愿没报好。没人指导，作为一个什么也不懂的乡下小姑娘，我脑海中只有一个念头：我想考中专，要鲤鱼跳农门，要做城里人，不想过脸朝黄土背朝天的生活。鬼使神差，我填写的志愿是这样的：

第一志愿中专，第二志愿桐乡二中（位于崇福镇，桐乡第二大镇），第三志愿是桐乡一中（县城最好的高中）。

没有一位老师帮我指出这样报高中的顺序是不对的，哪能先报差的高中？就这样，阴差阳错，明明考上了桐乡一中，按志愿的先后顺序，我收到了桐乡二中的录取通知书。

与我成绩不相上下的同学，没考上中专的，都喜滋滋地去桐乡一中就读了。我只能到二中，自尊心强的我，内心写满了不甘。

后来，我爸爸咨询了班主任曹老师，建议我在家自学一年，明年继续考中专。

我走了一条初四（自学）的道路，一年之后，顺利考上了平湖师范。

人生就是一场场不设防的赶考，首考失利又何妨？

这段经历让我做了班主任后，面对班里的孩子考砸了或者暂时失败时，多了一份包容之心。我深深地感觉到，一个孩子只要有终身学习的愿望，一直在学习成长的路上，一直在往前走，暂时的失败，是没有关系的。怜悯与宽容之心，在我人生首要的一场考试失利中，不经意间养成了。看到班里有些孩子，抗挫能力弱，某个单元或者期末考试不理想，哭得稀里哗啦时，我由衷地心疼他们，并且会劝慰他们："这又有什么关系呢？"

我也常常会把我这段中考失利的经历，讲给我的每一届学生听。推己及人，用我的亲身经历，告诉学生们，暂时失利真的没有关系，只要我们一直有往前走的行动和毅力，保持一颗热辣滚烫的心，做最好的自己，未来一定会灿烂。即便不灿烂，那又有什么关系呢？坐在路边鼓掌，未必就不幸福！

让孩子看到成绩，是他最好的前进动力

兴趣是最好的老师，要唤醒孩子的学习原动力，那就让他在学习上取得进步。对于这一点，我感同身受。

我的热辣滚烫的初四生活，不是待在家独自自学，而是坐到了原来就读的三〇二教室边上的一个小房间里，还有五位与我一样落榜的同学。我们在这里一起为了理想而拼搏。

三男三女，六个十几岁的少年开始了为期一年的初四自学生涯，纯粹地自学。没有一节课坐在全日制教室里听，那时绝不允许，考上了也会被退回原籍，我们是万万不敢的。记得读师范的时候，隔壁班有一位来自平湖的同学读了一个月后被举报回家了，原因就是她重读，进了教室听课。这位同学很争气，第二年又考进了平湖师范。

没有风花雪月，没有说说笑笑，我每天坚持早起，与上一年读书般，每天早早来到学校，做题，再做题。我们心底都清楚，我们不是来玩的，不是来说笑的，虽然没有老师约束，但一个个都很自律，会自我约束，很少聊天，跟随隔壁班的教室的课表，思考、做题、偶尔讨论，这构成了初四生活的主旋律。他们考试，我们也进行考试，老师会给我们阅卷。从没听我的父母说起，这一年是否交学费，老师们真的很有奉献精神，无私地帮助着我们这些学生。曹老师偶尔会来看看我们，叮嘱几句，问问是否有困难。谁都做不出的题目，我们会去请教相关学科老师。更多的时候，我们在伏案钻研。回家后，晚上依然会钻研。

这一年，压力很大，日子反而开心，这源自我理科成绩的突飞猛进。日复一日地做题、练习，宛如打通了我理科学习的任督二脉。数学、物理、化学，我突然找到了做题窍门，会举一反三了。不知不觉，我喜欢上了理科，没有了畏惧心理，更从钻研难题的过程中得到不少乐趣。证明题，我愿意花一小时、两小时静静作图、思考，直到最后攻下，那一刻，觉得很满足。苏霍姆林斯基说，让一个孩子看到成绩，是他最好的前进动力。这话一点儿不假。平时满分 120 分的数学模拟卷，从一开始的 100 分左右，一点点提高，第二个学期，已基本保持在 118 分及以上。

同窗共学的几位战友，从不认识、不熟悉到成为挚友，有种有难同当、同为天涯沦落人的感觉，彼此之间建立了纯真无瑕的友谊。我当时算是成绩好的，一门心思要考出好成绩，与他们相处和谐。在一起的学习时光，愉快而美丽。

一颗红心，两种准备，对待中考，我明显有了信心。

一年眨眼而过，我以 473 分的高分，超过分数线 20 多分，考上省中专。报什么好呢？按照这分数，完全可以报更好的学校。卫校可以报，可我对做医生一点不感冒，不想报。农校可以报，可我对农校似乎也没什么概念。其他什么气象学校之类，全县只招一两个，怕录取不了，不敢报。曹老师建议："报师范吧！女孩子做老师挺好。全县招一百位小学老师，稳稳能进。"

那就报师范吧！我觉得做老师还不错，我能接受，于是懵懵懂懂地报了师范。

没想到报师范还需要面试。现在人们若是参加类似的面试，大都会请人辅导一下。那时候，不兴辅导，也没有人指导，面试考什么，该怎么准备，我一概不知，什么也没准备，去裸试了。

我怀着一颗忐忑不安的心来到了县城面试考场，见了几位老师，后来才知是师范来的面试官。看个五官，瞧个身材，偷偷一看，老师给我的表格上填写的是四分。最高分五分，一起面试的同学有的是三分，也有个别的五分。

面试官还让我们看着一个墨水瓶画素描。天哪！我可不会画呀，一点点素描基础都没有，小时候连画画课都没有上过，怎么画墨水瓶？我硬着头皮，拿起了画笔，画出来的墨水瓶只有一点点大，在一张大大的铅画纸上，样子丑不忍睹，幼儿园小班水平。把画递给面试官那一刻，我脸红了，觉得很不好意思。

印象最深刻的一个环节，是测嗅觉。我来到一个教室，面试官拿了三个瓶子，里面放了些液体，让我说说闻到了什么。乖乖！我可从来没有遇见这样的事情，怎么来描述呢？妈呀！我一颗心咚咚咚地狂跳，万一面试不好，我淘汰了，那我这一年的汗水不是白流了吗？我急得脑门都出汗了。突然，不知道哪里来的灵感，所谓的急中生智吧，我大胆地告诉面试官："老师，味道我都知道，就是不知道怎么描述。"面试官很和善，笑着说："那这样吧！小姑娘，你先在边上看一看。"我坐到了一边，看后面的同学说："这个是没有味道的，应该是水。这个是酱油的味道……"哈哈，原来只需要这样说呀。我心里乐开了花，知道该怎么说了。

就这样，在龙年，在 1988 年的 9 月，16 岁的我，踏进了师范门槛，成为一个全日制师范生，在这里接受三年的专业训练。

世上没有一段路白走。我特别感谢初四这一年时光，让我学会了坚强，学会了面对，学会了咬咬牙坚持往前走的那种无畏。这段旅程，对我日后人生道路上的行走，尤其是做班主任，产生了极为深远的影响：那就是无论遇见多么难带的班级，我都不抱怨，不发牢骚，默默地努力，那永不放弃的乐观主义精神，支撑我拿下一个个"硬骨头"班级。

世界上没有纯粹的擅长理科或文科，想让一个孩子爱上某一门学科，最好的方法就是让他取得优异的成绩。从我初四理科上的突飞猛进中，我知道了鼓励一个孩子最好的方法，就是让他看到自己成绩的进步。面对弱势的孩子，我会想尽一切方法，去提高他的成绩，让他从成绩的提高中看到自己的能力，品尝到成功带来的巨大的愉悦，从而让他更努力地克服自己的惰性，看到前进的希望。

每一个中等生都是潜力股

1988年9月8日，经过一夜轮船颠簸，在凌晨两点多，父亲带着我踏上了平湖码头，在码头休息室静等到天明。早上八点不到，在几位迎接新生的学长的接引下，我们来到了平湖师范。从此，我正式成为一名中等师范学校的一年级学生。

在风雨操场报到，注册，找寝室。父亲帮我张罗，弄蚊帐，买塑料脸盆……我什么都不会，从小衣来伸手饭来张口，生活能力太差。

看到同寝室来自嘉善的同学，她父亲停留了没多少时间就走了，她一人在弄蚊帐。我惊讶了，心想：这同学怎么这么能干？原来，她早在初中就离乡去县城就学，独立性强。

正值青春期的我，脾气率性，在家人的呵护下，就是一个刁蛮公主。我嫌妈妈、奶奶唠叨，曾无数次渴望能飞离家的樊笼，自由呼吸新鲜空气。但现实不是这样。从没离开过家的我，第一次咀嚼到了想家的滋味。

同寝室的同学，除了来自海盐的莲，其他七位都来自嘉兴郊区，口音差不多，她们叽哩哇啦地聊着天，我一点儿也听不懂。桐乡方言尤其是同福方言，接近杭州口音，与嘉兴口音悬殊。可怜我的桐乡普通话，方音太重，比如说"美"，我就说成是"米"。关键我还以为完全正确，以至于闹了许多笑话。某天夜自修，同学们在争论"谁的家乡最美"，听到同学们都在夸自己的家乡，我也站上讲台说："我的家乡桐乡是很米（美）的！"同学们哄堂大笑……当时的我，丈二和尚摸不着头脑，搞不懂他们笑什么。

吃饭、洗澡、去教室……我还没完全融入这个集体，融进师范的学习生活。陪伴我的感觉就是孤独和寂寞。晚上，躺在床上，泪水哗哗地淌下来，宛如一条无声的小溪。我想家，想亲人。此刻，我才深刻体会到，家是最温馨的港湾，有爷爷奶奶的宠爱，有父母的呵护，是一件多么幸福的事情。

国庆节，终于可以回家啦！我度过了之前16年人生中最漫长的22天，开心地回家啦。乘坐平湖到桐乡的直达汽车，在新农村下车，步行到家中，整整走了15里路，心情是那么愉悦。

思家心绪随着国庆节回次家后随风慢慢飘散了，我渐渐适应了师范生活。不久，也迎来了师范第一次考试。代数、几何是两位老师授课，百分制，六四开，代数60分，几何40分。我们这些学生，以为自己是鲤鱼跳出了农门，就有些懈怠，学习上不如初中时抓得紧，平时老师们要求不高。听一位学姐讲，若能奋战两周，考个及格没问题。

数学第一次考试，我们全都蒙了。不是说很简单吗？不是说突击两周就能过关吗？考试了才发现好多题不会做。寝室里的同学哗啦哗啦地大哭，哀声一片。我没有哭，但我也以为自己不及格，做的题目没几道有把握，估计60分的代数卷子只能考30多分。结果，我考了42分，虽说不理想，毕竟及格了，超了6分，还不错。我还没从及格的喜悦中缓过神来，室友们指责："明明及格了，还说自己不及格，以后不相信你的话了。"我真没料到我能及格，初四那一年，数学我没低于118分过，卷上的题目几乎都会做，这一次好多题目没把握，真的感觉自己挂科了。

从那以后，我们再也不敢懈怠任何一次考试，寝室里的同学，临考前几周夜自修回寝室后，打起了手电看书，以应对考试。那时师范严格，几门挂科，会留级。同届四班那个美丽学姐，就是一个留级生。再美丽的皮囊，留了级，别人射去的也总是异样的目光。

我也跟风买了个手电，但一次也没为应付考试而打。考进师范，我当时的分数在班级已属高分，文化课有点功底，学习相对轻松。我打手电筒为的是看金庸的小说。

技能课的学习，我只能用一声叹息形容。我的专业是普师，是全科老师，是毕业后能胜任小学中任何一门学科教学的老师。语文、数学、科学、音乐、体育、美术……当时除了没有学英语，其他门门要考试，样样要过关。

三年师范，最深刻的印象，就是三天一过关，五天一考试，日子就是在各种项目的过关中度过。我应付得身心疲惫。

文化课我学得不累，虽不努力，成绩也不差。我差在哪里呢？差在艺术素养（音体美）上。当年读师范，擅长音体美的同学分外吃香，可以参加学校组织的各类社团，抛头露面，叱咤风云。

身居偏僻乡村，从小没任何艺术熏陶的我，音体美零起点的我，注定师范三年，平庸得如一棵小草。身为中等生的我，每天忙着应付各级各类的过关：音乐课要回琴，要声乐考试，书法要硬笔字过关、粉笔字过关、毛笔字过关，普通话口试、笔试要过关……每一次过关，需全身心应对，不敢有半丝懈怠。看着身边同学，抱着吉他，唱着歌，画着油画，跳着舞蹈……我实在太普通，太不起眼，太默默无闻了。

于我而言，最痛苦的莫过于体育方面的各种技能技巧过关。毫不夸张地说，第二天要上体育课了，我当晚开始犯愁，开始紧张，开始寝食不安。师范里的体育课把我们当体育老师训练，50米、100米、200米、400米、800米，各种田径测试，跳高、跳远、跳马、跳箱，各种垫上运动，各类球过关……简直如一个个噩梦，纠缠着我。

我清晰地记得临毕业前的5月，体育老师教跳箱。看着那个庞然大物，我非常恐惧，不敢跨越。体育老师怎么引导也不敢跳，我通过助跑到了箱子前面，骤然停下脚步。两位好友小猫、阿厉都是体育健将，她们两个看我愁眉苦脸的样子，急我所急，在某个中午，带我来到风雨馆进行训练。我硬着头皮，闭着眼睛往前一跳，摔跤了，倒在了地上，一阵钻心的疼袭来，右手腕肿了一圈，痛得直哭。姐妹们送我去医院，手腕骨折，上石膏，吊绷带，吊了一月才痊愈……

往事不堪回首呀！我当时常常想：倘若让我读体育系，我宁愿在家种田，哪怕给我再多钱，我也不愿意。所以，学自己最爱的，最擅长的，对一个孩子来说，真的非常重要。

三年师范，我从没拿过奖学金，更没有获得过三好学生等荣誉，只是一个普通的中等生。我就读的班，是同年级当中一个比较落后的班级，三年换了三位班主任，班级比赛几乎都垫底。如我这般中等生更是处于自生自灭状态。

当然，我还是有点的自己特质的。比如文学（虽不是校文学社成员，在我们班也算小有名气），比如口才，比如想象力。曾有同学告诉我，早在师范就知道我与众不同，我有现在这点成绩，她一点也不奇怪。一年级上文选课，老师要求同学说书上一幅图。图上有一座凉亭，同学须展开想象说一说。我主动举手，回答："这是一个美丽的湖滨公园……"置放到现在，也就城市里四五年级优秀生的想象力，但30多年前，在没有课外书阅读、闭塞农村娃的大背景下，我这样的想象力已鹤立鸡群，当时赢得了老师和同学的阵阵掌声。而这些方面的擅长，对于日后做一位优秀班主任起到了不小的助力。

师范三年，我最大的一个爱好，就是喜欢静静地看书。那时的我，不知取法乎上的道理，但知道要阅读好书。世界名著我似懂非懂，读得艰难。《红与黑》《安娜·卡列尼娜》《巴黎圣母院》等作品，看不懂，没关系，我逼迫自己一个字一个字地看，逼迫自己借阅世界名著。那个低矮潮湿的图书馆是我最喜欢去的地方。阅读，让我积累，让我沉淀，让我保持着一种宁静的能力。

这恐怕是我与同学最大的一个不同之处。她们业余时经常打牌，也喊我打牌。我会打牌，但是对打牌真没什么兴趣，一拿起牌脑子就开始轰炸。一捧起书，心灵宁静了。

一直到三年级，默默蛰伏的我，才慢慢有了点起色。最得意的一次，在三年级班级粉笔字比赛中，在我班费、管、朱三位年级书法高手的组织下，我意外荣获一等奖，同学们开始对我刮目相看。

悟性太差，功底太差，直到进入三年级，才开始对书法尤其对颜真卿的字帖小有感觉。每晚夜自修练书法时间，我一直默默努力。粉笔字获奖，着实是对一个勤奋孩子的认可！可惜，参加工作后，没有坚持书法练习。

三年级时，班委以寝室为单位搞文艺联欢会。寝室同学共同策划，最后决定表演滑稽戏。不知是谁想出的主意，反正众同学坚决拥护，非让我担任主演不可——滑稽戏主角黄小毛。我从没听过黄小毛的滑稽戏，同学们告诉我该怎么演，怎么说。那晚的表演，据说入木三分，令全班同学捧腹大笑。我们寝室大获成功，以至于我的班主任后来在我的毕业手册上留言："我发现你在表演和朗诵方面很有才能，若好好努力，以后一定会绽放光芒。"这也是我唯一一次得到潘老师的表扬。

师范三年级时，小语老师面试小语兴趣小组，我从众多同学中脱颖而出，赢得老师欣赏，光荣成为为数不多的一员。我充满激情地述说："我要把一片丹心献给教育事业！"

一路过关，一路前行，一路修炼，正当我慢慢找到读师范的感觉，慢慢开始散发一点点光芒时，三年时间眨眼而过，我毕业了，拿到了平湖师范的普师毕业证书。

毕业典礼上，听到隔壁三班的优秀班主任、年级主任毕老师送给全体毕业生的一番话："到工作岗位上，我们的中等生也会很有优势"（大概就是这个意思）。我为之一振，我这个普通的中等生会有优势吗？

一路前行，一路修炼，热辣滚烫，做班主任，做最好的自己，我在做班主任的过程中，尝到了专业成长的幸福，尝到了自己带领孩子们一起往前走的那份欣喜和快乐！

师范毕业三十周年的同学会上，我作为班级代表上台发言。我感慨万分，扪心自问："中等生有优势吗？"中等生坚持往前走，一样会有优势的。

我们做班主任，往往更多关注优等生和较弱的孩子，抓两头是我们经常做的事情。班里的中等生们，成绩过得去，默默无闻，班主任也不需多操心，常常处于一种被忽视状态。

在班集体建设中，中等生是一个很大的群体，若能把中等生的积极性调动起来，班级将会焕发无穷的活力。

我在师范学校做了三年的中等生，从一位原本人见人爱、花见花开的众星捧月的优等生到默默无闻、没有特长、存在感低的中等生的经历，让我感受到了内心的落差和无奈。正因为我的这一段经历，我对中等生有着特别的情怀。

从开始做班主任的那一天起，我对班里的中等生群体就分外关注，也更愿意用一些机会、一些鼓励的话语、一些巧妙的方法去调动中等生的积极性。我采取了男女双班委制度，中等生做班干部、优等生做导师制度，分层评比等一系列班级管理措施，把更多的鼓励和关爱奉献给了中等生们。我知道，中等生是一个班级的活力与源泉。

每一个中等学生，都是潜力股。中等学生太需要老师的表扬了，需要老师看得见他的存在。我会想方设法在班级里开展各种活动，给众多学生找优点，努力挖掘中等生们的潜力，提升中等生存在感，以占班级大多数的中等生带动整个班级往前发展，让一个个原本陷入困境的班级绝处逢生，迎来生机与活力。

一路修炼，做智慧班主任

一

1991 年 8 月，19 岁的我，终于成为一位小学语文老师。去教育局报到时，需要填报去哪教书的志愿。去哪儿呢？没有门路，学业也不够优秀，镇小想也不敢想，那就填写我家所在的乡中心小学吧！

那年，学校规定：新师范生需先去村小锻炼。顺理成章，我和另三位新师范生各自去了离家最近的村小。

生活简直就像一条抛物线，曾经就读了七年的学校，在离开五年之后，我以一位公办新老师的身份，重新踏入。没有鲤鱼跳出农门的那种幸福感，只有深深的失望，难道我这么辛辛苦苦地努力，只是回到我原先待的地方吗？看着斑斑驳驳的墙壁，我当时最大的愿望就是不能在这个偏僻的地方待一辈子，我要努力，我要早日离开这个地方。当时想的，无非就是早日能去乡中心小学教书。而在当时，这个愿望有点可望不可即。

每天晚上，我在台灯下，依靠师范文选老师推荐的《愉快教育法》《李吉林情境教学—情境教育》这两本参考资料，精心备课，钻研教材，设计教案……我觉得自己如果不备课，第二天就上不了课。那盏橘黄色的台灯，在一年后因为使用时间太多，被烤焦变形。父亲晚上应酬回来，都会来我的房间，与我简单聊几句。他的朋友看到我的字后，也会夸我："小姑娘的字，真老练！"

村里在乡镇企业上班的小伙伴邀约我去乡里看电影，我总以备课之由拒绝。有时候她们会笑说："你这鲤鱼跳龙门，跳龙门，连电影都没办法看，那有什么意思呢？"实在是手头没有参考资料，不备课，感觉自己上不了课，故不敢出去娱乐、玩耍。我如一位小学生般，天天晚上兢兢业业地做着钻研教材的功课。

白天，批改作业，上课，辅导"差生"……日子一天一天地过着。我寓居在村小，寻找着初为人师的激动、快乐、失败与沮丧。

1993年的一天，我看到我初三的同学芬（早我一年成为老师，在乡中心小学任教），在参加大专的自学考试。

我第一次听说有自学考试，如果考上了，毕业后是大专学历。在芬妈妈黄老师等老教师的鼓励下，想想自己还这么年轻，是该好好学习，和好友华（同届毕业分在另一村小的姐妹）一商量，脑门一热，决定也去参加自考。一考就是五年。

我俩报了汉语言文学专业的自考，在桐乡报的名，自费去嘉兴参加杭州大学教授的考前辅导班。"写作"这门课，我凭靠着功底，以75分轻松过关，"外国文学"和"中国现代革命史"背了好多，记了好多，钻研了好久，却以58分、56分失败。考了两回，依然只差一点点，徘徊在及格边缘，没过关。

考了近两年，只过了六门。

1995年，浙江师范大学开设小学教育专业的自考。小学老师中如我这般只有中师学历的老师几乎都参加了自考。桐乡教师进修学校组织得非常好，专门请浙江师范大学教授进行辅导，难度系数比汉语言文学低好多，过关率更高。看着同事们一下子三门两门地过，我和华心动了，改汉语言文学专业自考为小学教育专业自考。这时，我已落后于同事们整整一年多了。

因为想追上最早报名的同事的步伐，我开始四门四门地报。这真的是一段热辣滚烫的青春拼搏时代。

白天，努力工作，晚上，拖着疲惫的身子捧起书本看书。我的学习方法，不是耗费很多时间去通读书本，我喜欢一看到重点就背诵下来。临考前一月，为备考阶段，突击猛攻下猛火的阶段，有点类似于高考前的突击。

有的时候，看着书，想睡觉了，上下眼皮不停打架，我就旁边放一个冷水盆，洗一把冷水脸。有的时候，晚上泡一杯浓茶喝，让自己毫无睡意……未出嫁前，我有时会在堂屋的饭桌上学习，我奶奶常常陪着我，我看我的书，她做她的活儿。看到我用这些苦读方法逼迫自己学习，她常常会向亲戚和村里的长辈夸赞我的勤奋。

有时候，当我觉得自己看书累了，记不进知识，效率不高时，就先去睡觉。半夜一两点钟的时候，克服暖和被子的诱惑，一骨碌爬起来，伏案灯光下，专心看书、背书。此刻，脑子果然清醒多了，效率高多了。往往奋斗到凌晨三四点，再爬到床上休息。三更灯火五更鸡，正是孩儿读书时。记不清这样的日子，有多少回了。

1997年结婚后，我还剩下两三门功课。我这般好学，老公亲眼所见，当他在被子中呼呼睡觉的时候，我半夜伏在灯光下，学习着，背诵着，记忆着……他亲眼见证我一步一步地努力，才拥有现如今这一项项成果。自然而然，我成了儿子的励志榜样。

1998年8月，终于，15门功课，连同去浙江师范大学的实践操作，全部合格，我以每一门都75分以上的成绩，光荣地拿到了小学教育专业自考专科文凭。

二

在短暂地休息了一年之后，我又开始了热辣滚烫的本科自考。

本科自考比专科更难了。若说专科自考只需背背条条框框，本科自考就是连书本角角落落都要看，都要记。

继续苦学，苦攻。对于只有中专原始学历的我来说，唯有苦学才能过关。艰难地通过了五门本科自考后，突然有一天，我感觉没有信心了。本科需要考英语，对于只在初三时学了一年英语，基础极度薄弱的我来说，英语实在太难，原本信誓旦旦，觉得无非就是多背背单词，在进修学校听了两节辅导课后，一脸蒙圈，根本听不懂，只好放弃，若继续自考，一定得等到 35 周岁，用另外三门功课抵这一门英语课。

我的工作地点已从乡中心小学调到县城小学了。看到身边的同事都已购买电脑，我家也购买了。在 2004 年的 10 月 2 日，我跌跌撞撞地进了"教育在线"，读到苏霍姆林斯基的著作，从此我的教育生命被彻底唤醒。我走上了一条专业发展的道路，阅读、实践、写作、反思……每晚的时间，空余的时间，都花在了专业发展上。此时的我，再也没有过多精力去攻克自学考试了。

看到学校有同事去考函授本科，据说，入学考难点，考进后很轻松，只管去读，肯定能拿到文凭。我心动了，和两位同事一起报名函授。

备考、考试，顺利入学。函授浙江省教育学院组织的心理健康教育本科专业，双休去进修学校读书。浙江教育学院的美女教授们，讲课生动、活泼、有趣，虽然是函授，也能学到不少知识。三年，我没有缺过一次课。

2008 年，我顺利拿到了滚烫的本科文凭。

三

从 2005 年起，我在专业上开始觉醒，潜心、悉心做班主任，恰好遇上了一个班主任（德育）专业发展的好时代。

2006 年，我被评为桐乡市首届德育骨干教师；2007 年，被评为桐乡市首届德育学科带头人；2008 年，我出版了首部专著，荣获浙江省第二十一届春蚕奖；2009 年，在我的恩师张万祥的不断鼓励与提携下，我开始走出浙江，去全国各地讲学；2010 年，通过层层考核，我有幸成为我校有史以来第一位"嘉兴名师"；2011 年，出版了第二部专著；2012 年，我从上百所学校、上千名班主任中脱颖而出，成为地级市首批班主任工作室主持人；2014 年，我荣获全国优秀教师、全国中小学优秀德育工作者称号；2018 年，我过五关、斩六将，一路披荆斩棘，荣获浙江省德育特级教师，同年12月，晋升正高级教师……

从2008年起，我开始参加专业上的考试。2008年5月，在同事们的鼓励下，我报名中学高级教师的职称晋升考试。当年晋升中学高级教师需要理论考试。正因为有了理论考试，一部分有资历的老师生怯，不敢报考，让我这样的青年教师有机会去竞争。

我的师父张万祥老师为我提供了一些考试资料，我又从网上查找了一些资料，开始整条整条背德育提纲，记未成年人道德建设的文件……初三时，我是政治课代表，冥冥中，似乎与这些文件结了缘。

我顺利考出了84分的好成绩。通过笔试、面试，再送省审核，当年度被晋升为中学高级教师。当时普通一线老师能晋升这一职称，放眼整个嘉兴，寥寥无几。

2010年，我参加地级市名师的选拔，这次选拔包括理论考试和面试，我凭着自己不断积累的底蕴，经过层层刷选，成为地级市小学界唯一的德育名师。自此，我有幸依靠嘉兴教育学院的名师培养机制，开始去全国各地的师范院校、名牌大学进行培训。

第三届、第四届、第五届，连续三届嘉兴名师，整整十年时光，面试了三次，笔试了三次，一次次经受了考验。

2018年7月，我接受了从教以来最重要的一场考试——浙江省特级教师的选拔考试。一路走来，我从没把做特级教师当作我教育人生的奋斗目标，也从没刻意去准备。从2004年进入"教育在线"开始，我潜心阅读、写教育日记，弃文从德，专心在班主任专业上发展自己，努力享受这份班主任工作。一路走来，我既没有野心，也无意仕途，不知不觉，走着走着，一些额外奖赏伴随而至。从2008年的浙江省春蚕奖到2014年的全国双优教师，这两项荣誉之前从没想过。精心储备，面试临场发挥理想，物化成果厚实，全国荣誉两项加五部专著，2018年，我一路过五关、斩六将，最终成功获评浙江省特级教师。

当年12月，我再次出征，从桐乡到嘉兴再到省里，又一次至关重要的考试——正高，我顺利过关。

感恩生命中的每一位贵人，感谢自己的一路努力和跋涉。一路学习，一路闯关，一路修炼，一路生花，我专注于做最好的自己，做智慧班主任，在班主任这个专业中获得成长。

每一次带新的班级，我都会拿出我在村小工作时仅有的两张照片给孩子们看，也会把我这一路学习的经历，学历自考和函授，半夜起床看书、背书，以及一路专业考试的经历，利用一节班会课的时间，图文并茂，如讲故事一般绘声绘色地讲给孩子们听。一路修炼，做最好的班主任。我在班主任专业上进行了自我救赎，也找到了最好的自己。不是自大，也不是炫耀，只想给孩子们讲讲过去，讲讲自己的故事。

孩子们都很爱听我的故事，不知不觉受到熏陶和影响，不知不觉我成了孩子们口中的那位励志榜样。

张爱玲说，出名要趁早。我没有年少成名，只有一步一步往前走的踏实。

早些年，我研读王晓春老师的著作，对自己做了一个童年早期测试：

1.五六岁的时候，某天，我突然发现大人们凝重的神情，说毛主席没了。听见我家西门那边有不少人走过，我探出身子一看，一个个手中拿着一朵朵的小白花。我当时很是诧异。

2.在我五岁的时候，夏日炎炎，我不顾暑热，赤着脚和村里的小伙伴一起去捕知了，奶奶和妈妈劝导我要穿拖鞋去，说有刺毛（毛虫）。我怎么也不听，只管赤着脚，结果脚底被刺毛刺中了，刺到了一根筋上。我躺在椅子上，哭了大半天。为脚痛而哭，没有为不穿鞋子而哭。

3.九岁的时候，我和爸爸、妈妈、弟弟乘坐机帆船去杭州。机帆船机器声音很响，但我坐在船上，只感觉到船在前进，水滚滚向后流，觉得好玩。

4.八九岁时，我和奶奶一起到桐乡的伯母家做客，当时观看了一部电影，一位穿着天蓝色连衣裙的年轻女教师带着孩子们在教室里唱歌、学习，我感觉这个画面非常美丽，时而会出现在脑海，抹之不去。

参照王老师的解读,我对船在前进,水滚滚向后流感兴趣,说明我是有前进感、方向感的孩子,这样的孩子,往往会有一些追求,不会停步不前。王老师说起他的童年早期测试,他对滚铁环印象深刻,注定他的人生不停地思考,即便退休了,依然思考不止。教师这个职业比较适合我,我也喜欢做老师,觉得这是一件美好的事情。我认定的事情,会努力地去做……

　　魔幻的早期童年测试,冥冥中,似乎决定了我一生的走向——回想7岁开始入学,40多年美好人生的考试经历,31年班主任经历,我一路跋涉,一路前进,一路修炼,让教育的青春永远有激情地燃烧,做最好的班主任,让一个个弱势的班级绝处逢生,让一个个弱势的孩子找到了存在感,其间有欢笑,有眼泪,有付出,有耕耘,有收获,有失败……

> 不去想不必想
> 不用急急忙忙说一个答案
> 你愿相信什么
> 就把世界看成什么样
> 偶尔难题加点重量
> 越要轻轻地旋转
> 所以无论如何
> 记得保管小小的光环
> 笑也好哭也好
> 今天就是明天最好的陪伴
> 笑也好哭也好
> 自己就是自己最好的陪伴

第二辑

自我救赎，让自己不断强大

阅读，心灵的静谧

他们熟悉那条道路，沿着狭窄的小巷去寻找你，但我徘徊在外面的黑夜里，因为我愚昧无知。

我没有受到足够的教育，因此在黑暗中没有产生对你的惧怕，所以我不知不觉地踏上了你的门阶。

——泰戈尔

走近篇：人生若只如初见

又到一年酷暑时，烈日炎炎，骄阳似火，汗流浃背，本该烦闷燥热的日子，却因为一些美好的回忆而馨香。

我对这个季节情有独钟——我第一声啼哭，第一眼感知这纷繁红尘，迎接我的就是这炽热的骄阳，这四处的蝉鸣。人生的旅程中，无数回，妈妈笑骂我的"歹毒"，这么热辣的日子，我如蝉鸣般嘹亮的啼哭，让年方二十的她无所适从，拿着一张蚕匾如小老鼠般地乱窜，四处找阴凉的地方，然后只能在用水打湿的小外公的堂屋，与我一起躺在蚕匾上，拼命地给我摇蒲扇——每回听她说，我便抿嘴窃窃地笑，暗自得意，谁让你们隆重地请我，兴许，我还不愿来呢。只是，偷偷地爱上了这个季节，期盼着那个吃糖烧蛋、面条的日子，身心沉浸在愉悦中。

"水陆草木之花，可爱者甚蕃。晋陶渊明独爱菊。自李唐来，世人甚爱牡丹。予独爱莲之出淤泥而不染，濯清涟而不妖……"初读已是初中，不可救药地爱上了这或婷婷、或婉转、或婀娜多姿的荷花。"接天莲叶无穷碧，映日荷花别样红"，清香飘逸的荷香，如串串清脆的铃音，轻轻地撞击着我的心扉。

渐渐地长大了，可以随心所欲地扮靓自己了，各类款式的飘飘裙裾，伴随着我度过了一茬又一茬的曼妙青春时光。

人生若只如初见。2005年的暑假，我如寻觅等待意中人般地在同事那里发现了它——《给教师的一百条建议》，迫不及待地把它捧在手里，轻轻地放进了我的单车车筐，兴奋激动地回到了家。我无法料想，有朝一日它的魅力，竟敌过了所有糖烧蛋、荷花、裙裾，而一举成为我心灵的主宰——

感谢干干（干国祥）帖中的这句话——倘若我是校长，不读苏霍姆林斯基的《给教师的一百条建议》的老师，不能上岗。这句话在我心中留下的深刻几乎可用"刻骨铭心"来形容。遂开始四处寻访，当我终于从同事那发现此书，心中的欢呼雀跃，无以言表。炎热的夏季，浙江严重缺电，频频停电，娇生惯养的我竟没抱怨，趴在地板上，窝在沙发里，一字一字，唰唰地记录，红木透露出的丝丝清凉，不时被滴滴晶莹的汗珠所浸透，书给了我巨大的惊喜，我的心田顿时绿意葱葱。

"读书，每天不间断地读书，跟书籍结下终生的友谊。潺潺的小溪，每日不断，注入思想的大河。读书不是为了明天的课，而是出自内心的需要和对知识的渴求。如果你想有更多的空闲时间，不至于把备课变成单调乏味的死抠教科书，那你就要读学术专著。……"

我拿着黑色的笔，读着，微笑着，震撼着，厚厚一本工作笔记，密密麻麻的字迹浸透着汗渍，沉睡的心弦得以拨响：

第一次，我那么急迫地希望自己多读书，读好书；第一次，我站在一个大写的人的高度，去看待每一个孩子；第一次，那么渴望给予孩子生命中最重要的东西——幸福；第一次，揣摩自己的教育是否在追求教育的恒久性、终极性价值……

我读《帕夫雷什中学》《和青年校长的谈话》，我努力读所有苏氏的作品，我捕捉到一种幸福的感觉，正如我在《和青年校长的谈话》的读后感《沉醉于斯，乐于斯》中写的：

"书，一气呵成，阅至最后一页。心，静静凝眸，缓缓轻盈，蜕变。不知该怎么组织语言描述心的凤磬，我苦涩于自己贫瘠的语言，只知，此刻的我，在一本一本苏著的洗涤中，已非去年那个一捧《怎样培养真正的人》就眼皮打架的我。不敢说，已站立在何种高度，这一字一字，一句一句，一层一层，给了我太多的惊奇和赞叹！我懊悔直到现在，直到工作了多年后的今天，才依傍在大师的腿上，静静地赏读。我也庆幸，多年后的现在，因'教育在线'的引领，我能走进教育书籍的书香，徜徉在大师的精神海洋中，充盈自己的头脑。突然，莫名地庆幸起来，与那些当了一辈子老师，连他的作品都没看过一眼的同行相比，我又是何等的幸福。"

幸福，是一种极其沉甸的收获感；幸福，是茅塞顿开的豁朗感的迎面而来；幸福，宛如一盏指明灯，照亮了前进的方向；幸福，恰似夜空中的启明星散发出的幽幽光泽……

我那么迫切地要求自己读书，读经典，我开始逼迫自己背诵古诗词，我读孔子，我读赞科夫，我读陶子……逐渐地，书香成了我生活中必不可少的一部分。

——《静谧在"在线"的星光下——我的2005》节选

一切诚如我在《静谧在"在线"的星光下——我的2005》中所写，遇见《给教师的一百条建议》，让我走近了苏霍姆林斯基，然后，我如饥似渴地阅读了他的五大卷全集，书香遐迩静无华。"我看青山多妩媚，我料青山看我应如是"，一卷书在手，心灵开始徜徉，心灵的信鸽，随着白纸黑字，轻轻地腾飞在蔚蓝的天空中，舒展、自由、辽远、惬意，宛如金灿灿的一片油菜花丛中，心灵的小蜜蜂，不停地飞啊，采呀——

一本本书籍，散发着温馨的墨香，给了我一个富足而又静谧的世界，这个世界里，有高山流水的娴雅，有清风明月的俊朗，有小桥流水的清丽，有大漠孤烟的苍凉，有山雾茫茫的淡闲……

不是亲人，胜似亲人，不是家人，赛过家人，一日不见，面目狰狞，如坐针毡，如隔三秋，哦，人生若只如初见。

亲近篇：为伊消得人憔悴

求之不得，寤寐思服，悠哉悠哉，书籍在我的生活中，像是亲密爱人，一日不相会，便有失落难安的感觉。而有它相伴的日子，心里是踏实的，心灵是宁静的，时光里飘溢着的，也是满满的幸福滋味。

"衣带渐宽终不悔，为伊消得人憔悴。"读书，成了我休闲放松的一种习惯。

读书的过程是一个逐渐混沌开朗的循序渐进的梯形过程。一开始，阅读完全靠兴趣，喜欢读的，爱读的，信手拈来就读，随之，信手一抛。"随风潜入夜，润物细无声"，伴随阅读量的扩展，知识的积累，渐渐地，目光开始巡逻和挑拣。梅子涵说："即使活上三百年，我们也有理由读最好的书。这些经典的书，经过岁月的磨炼和洗刷，光芒熠熠。"于是，目光开始变得挑剔，专门搜罗经典，细细地品味"取法乎上，仅得其中"的深刻哲理。

执书之手，与书同老。经典的书籍，犹如一杯清甜的陈酿，一开始品，没觉得有什么吸引人之处，甚至觉得艰涩枯燥，慢慢地，随着心灵的沉淀，陈年的酒香带来通透轻灵，犹如一位饱经风霜的老人，面容慈祥，口吐珠玑，字字真理，令你情不自禁地被牵引。读之，醍醐灌顶，十里稻香蛙声一片。文字的灵活，穿透千年的光辉，让心灵的蝴蝶不停地翻飞，翩跹……

清晨，打开一扇窗，让清新的空气，如清晨鸟鸣振翼，飞越窗棂，飞抵我的肺腑。捧着一卷唐诗宋词，反复地吟诵，蒸腾的文字云烟氤氲。一天这样开始，清心明目，书籍的光辉照亮了世界，书籍的气息透彻九天，冲过一切尘俗的阻碍，向前奔涌。内心减少了许多的浮躁，即便是脚步匆匆，即便是教务繁忙，不以物喜，不以己悲，悠悠地，结庐在人境，而无车马喧。

批作业累了，手酸了，烦了，轻轻地打开经典的诗集，或狄金森，或泰戈尔，或海子……诵，轻轻地吟，口里，唇边，齿际，余香袅袅。心灵穿上了公主的衣袍，烦恼轻轻地溜号了。

工作的闲暇，停止闲侃的美好时光，捧一卷教育教学杂志，读着读着，也许一种柳暗花明的豁然开朗接踵而至。书中的精英同伴的小文，或许无意中给自己当前的困惑以指点，让我喜不胜收。一如炎热的夏季，来到一泓清泉旁边，惬意神爽，心旷神怡。

"月上柳梢头，人约黄昏后。"夜晚，一盏幽幽的灯，一杯清香的茶，最是读书好时光。沉浸在书籍的海洋，与伟人对话，依傍在大师的臂膀，一天的劳累烟消云散。

上洗手间时，握一本轻松的杂志，倚靠床上，拿一本《读者》……无论什么时候，无论哪一种姿势，有书读的分分秒秒，是一种无瑕的美丽，是心灵的自我皈依，是灵魂的圆满回归。

学有专攻，艰涩难懂的高深的教学理论，有时如一块骨头，需慢慢地琢磨，慢慢地啃。抑或拿起来，放声朗读，权当练习普通话，读着读着，也许一种峰回路转的开朗就会扑面而来；或者，依然是混沌一片，雾里看花，那就索性潇洒一点，把它丢在一边，等积累到一定的火候，再去阅读，别是一番滋味在心头。

若读书时灵感如泉涌，那就轻敲键盘，写一篇读后感，做做思维操，如何？读书生涯里，我最害怕写读书感，记忆中，好像也没有一位老师具体讲过该如何写读后感。莽撞、跌撞，怎么想就怎么写，不受拘泥，不受约束，提炼、内化、吸收、消化、反刍……轻拾自己思维的过程，感想的浪花，随波逐流，不管读后感的质量如何。每写一篇读后感，都站在整本书的角度，融进自己的感怀，吸取精髓，实在是一件有百益而无一害之佳事。近40篇的读后感就是在这样的情况下敲击而成，发表获奖的也就十多篇。垃圾文字也好，自我观赏也罢，每一篇读后感，都是心灵的一次纵歌。

书香萦回，蕴籍如斯。正如周国平所说的："世上有多少个朝圣者，就有多少条朝圣路。每一条朝圣的路都是朝圣者自己走出来的，不必相同，也不可能相同。然而，只要你自己也是一个朝圣者，你就不会觉得这是一个缺陷，反而是一个鼓舞。你会发现，每个人正是靠自己的孤独的追求加入人类的精神传统的，而只要你的确走在自己的朝圣路上，你其实并不孤独……"

从 2005 年开始，我从当当、淘宝、卓越网上大量购书，有了读书人的书味。房子越换越大，书架越换越大，读书成为我每天生活不可缺少的一部分。

随着时间流逝，读得没这么疯狂了。随着小儿的到来，属于我的时间捉襟见肘，工作也越来越忙。无论生活多么忙碌不堪，每天坚持读几页，让心灵纯净。鲁迅说，时间就如海绵里的水，只要你愿意挤，总还是有的。

我儿子中班时学围棋考级，他在里面比赛，我手里捧着一本书在外面边等边阅读。老板娘问："琅妈，你在看什么书？读得这么认真，为什么还用笔画一画呢？"一百多位家长都在等待，清一色刷手机，唯独我手不释卷，她表示好奇。想阅读，终究会挤时间。临睡前，出差途中的飞机上、高铁上，成为我读书的好时光。

班主任的修炼之路，就是一条阅读输入之路。如果没有这些年广泛阅读，没有这些输入，我根本带不了曾经一度让我山穷水尽的班级，根本写不了八部专著，根本不可能拥有现在的一切。阅读和写作，是我专业成长的双翼，没有阅读的写作，为无米之炊。教育上的种种灵感、思路，源自日不间断地阅读，是阅读让我看到了外面的世界，为我打开了一扇窗。

我特别欣赏麦子老师的大语文课观念。她在哲学、文学、历史学方面底蕴广博。现在的阅读，不仅仅局限于教育，尤其是德育，努力去读点文史哲类、心理类、传记类书籍，丰富自己的学识、眼界，努力让自己的课丰盈些，也有意识地在班级多开些语文类课程，努力拥有大语文理念。

　　阅读，让我见你见我见天地见万物。感谢自己的一路阅读，充实丰盈，让自己不慌张不害怕不畏惧，勇往直前。阅读这条路，最穷的人也能走，不必为通行税伤神。静静地打开一本书吧，这是何等节俭的车，承载着人的灵魂。

　　年轻的班主任们，让我们从刷抖音、微信、小红书中拿出半小时，静静地打开一本书吧！

班主任的救赎之路，就是阅读输入之路

——兼谈我的阅读史

朱永新老师说，一个人的阅读史就是一个人的精神成长史。回顾我班主任的修炼之路，就是一条不断阅读、不断输入之路。

20世纪80年代的农村孩子，父母大多不认字，家中大多没有课外书，除了课本，无非就是听听广播，抑或听听评书，或从高音喇叭里听个广播连续剧，已大为满足。我堂伯母是下放知青，小我一岁的堂妹小小年纪就跟随她妈妈去了县城。每次她们来老家，除了时髦的衣裙令我羡慕外，还有所谓的课外书。我第一次看到一本薄薄的课外书，是在读二年级的时候。那是一本图文并茂的《拇指姑娘》，它深深吸引了我：为什么这个姑娘才拇指这么大？真的有拇指姑娘吗？……浑然不知，这是童话。

我生命中最美好的与书的一次相遇，发生在小学四年级。某天，我发现家中有一本名叫《书剑恩仇录》的厚厚的书，是我爸爸借来的。那时，我不知道金庸是谁，更不知道这是武侠小说，当我无意翻开书一读，彻底被迷住了，再也放不下了。直到今天，我依然无法描述这本书带给我何等愉悦的阅读体验，只觉得它完全给我打开了一个新奇的世界，那里芳香迷人，那里神奇灿烂，那里彩蝶飞舞。当我看到陈家洛来到魔鬼城，手中的暗器莫名地无形吸收，看到香香公主浑身散发出香味吸引蝴蝶这些文字时，被彻底地深深震撼了：怎么可以有这么好看的书呢？怎么文字可以这样吸引人呢？……酣畅淋漓的阅读巅峰体验，直到今天回忆，依然唇口留香。美丽的梦与美丽的书一样，都可遇而不可求，常常在最没能料到的时刻里出现。我是凡人，我的生命就是这滚滚红尘，这人世的一切我都希求。自此，我与书结了尘缘。

狄金森说："没有一艘船能像一本书，也没有一匹马能像一页跳动的诗行那样，把人带向远方。"

书在那头，我在这头，一个乡村小丫头已被书彻底征服。想方设法看书，成就了童年的桩桩趣事。

小学时，我能读到的课外书，唯有80年代风靡中国的小人书、连环画。偶尔去石门逛街，爸妈若愿意给我买本小人书，我会乐上很长一段时间。《屠夫状元》《球王贝利》《神鞭》《排球女将》……那时，守着十多本小人书，感觉守住了一笔大财富。后来，我把这些小人书送给了表弟。现在想想真心疼，一本本小小的书承载了我美好的童年时光。

某天，奶奶去龙王庙小镇买做手工的丝线，烈日下，我跟随而去。她问我想吃什么，我什么吃的都不想要。当我看到有一家布店的一角的玻璃橱柜里有小人书时，我站在柜台前挪不开脚了。挑来选去，选了一本《桃花扇》，喜滋滋地回家了。

隔壁的堂哥是个文化人，高考落榜，代过课。他简陋的房间里总是堆满了书。有时候，我会从他妹妹——丽姐那里，借几本《青年一代》阅读，根本不适合我的年龄，但常读得津津有味，因为这是一扇窗，让我看到了外面精彩的世界。

偶尔，堂妹从县城来，我看到《故事会》《阿凡提》等，趁着他们还留在乡下，抓紧阅读。一到外婆家，第一时间去小舅舅房间侦探，从正值青春年华的他房里总能找到我喜欢看的读物，比如《山海经》，或者武侠小说，我一捧起书，就不愿放下。一本《西湖民间故事》，我看得投入。

读初中时，时而从同学手中借点金庸、梁羽生的武侠小说，《七剑下天山》《萍踪侠影》等全都读过。是武侠小说，在我的童年播种下阅读和文学的种子。某天好友惠借我看《碧血剑》，我差不多半夜没睡，一口气读完，意犹未尽。

我如只小蜜蜂般，看到课外读物总觉得新奇，看得投入。

初中时，我买过两本薄薄的探险小说，视若珍宝。真正开始看课外书，是在平湖师范。当时，我对武侠小说已不感冒，琼瑶小说在我们班女孩中风靡。一本《彩霞漫天》，让我眼泪哗哗直流，我读着笑着哭着，心情随着女主的遭遇跌宕起伏。当我看完三本言情小说之后，顿悟了，猛地觉得，总看这些卿卿我我的书，对自己没多大益处。时间宝贵，各方面平庸的我，得看点更有意义的书充实自己。从小好强的我，不甘于自己的平庸。

我痛下决心，毅然放下言情小说，开始借阅世界名著。《红与黑》《巴黎圣母院》《安娜·卡列尼娜》《欧也妮·葛朗台》《契诃夫小说选》……那时，我读了不少世界名著，读得艰难，似懂非懂，有时会读了几页看不下去了，就翻到前面温习，有时读不下去了就张开嘴，逼迫自己一个字一个字小声读，慢慢读，慢慢品。当时不知道"取法乎上"的道理，只知道应该读些世界名著，读高品位的书，不要读快餐型的书。师范三年，空余的时间，我都用来读书，不仅读世界名著，当代名家的作品也不放过，比如张贤亮、路遥、刘心武等的作品。甚至，寒暑假把这些名著搬回家。一本《巴黎圣母院》，暑假在家反反复复看了几遍……

这三年，是我阅读的第一个丰水期，为我贫瘠的土地，储备了文学的底蕴和能量。

工作后，除了读席慕蓉，读汪国真，大部分时间只是读杂志，《小学语文教师》《小学语文教学》以及《小小说选刊》，连同后来的《教师博览》，一订就是18年。备课、自考、读杂志构成了我业余时间的主旋律。

最奢侈的记忆，就是看了秦汉、刘雪华的《海鸥飞处彩云飞》《庭院深深》等俊男靓女的苦情式爱情。在1998年我取得大专文凭，还没开始本科自考前这一段清闲时光，已评上小学高级教师的我，教书已有一定资历，懈怠之意慢慢产生。偶然看到校图书馆有一套全新的琼瑶作品集，一本本借来，畅读了个遍，算是满足一个女孩的青春之梦吧！

第二个阅读喷发期到来，已是2005年。因为上"教育在线"，因为阅读到苏霍姆林斯基，我知道了阅读、写作那么重要。我懊悔之前的虚度时光，发疯一般地开始阅读与教育有关的著作。内在的觉醒最为重要。记得有一年大年三十，在婆婆家吃完年夜饭，春节联欢晚会还没开始，为了不浪费等待的时光，我站在沙发旁边等待边看书，手不释卷的样子被老公一阵取笑："你这么努力，要去干吗呢？吓人呀！这可是大年三十晚上！"

班主任的救赎之路，亦是一条写作输出之路

——兼聊我的写作史

苏霍姆林斯基《给教师的一百条建议》中有一条是关于写教育日记的："我建议每位教师都写教育日记。教育日记并不是形式上有某些要求的正式文件，而是一个人的随笔和札记。这种记载对日常工作很有用处，它是进行思考和创造的源泉。记了一二十年，甚至三十年的日记，就是一笔巨大的财富。每一位善于思考的教师都有自己的体系，自己的教育素养。"

每一位班主任的成长史，都离不开阅读，更离不开写作。写教育日记（教育叙事），同时伴随着思考。朱永新老师说，只有做得精彩，才能写得精彩。他曾经开过朱永新成功保险公司，一位老师每天坚持写一千字的教育日记，坚持十年，如果不成功，那就持着365万字找他索赔。事实上，如果能每天坚持阅读、写作、反思，坚持三到五年，毫无疑问一定能成为当地小有名气的老师。若坚持十年，一定会在自己的专业领域硕果累累。当年在教育论坛"教育在线"上，坚持阅读和写作的老师，现在大多成了特级教师、正高级教师，抑或全国比较活跃的名师、在专业领域走得比较远的老师。

我的专业发展，伴随着我的不断专业阅读和思考，每天坚持写教育日记。阅读和写作，是我专业成长的双翼，若没有我的阅读与思考，若没有我的写作，我不可能有这么多物化成果——八部教育专著和两百多篇已发表的文章。是阅读让我的眼界不断拓宽，是写作让我每天学会了反思，逼迫自己坚持创新，每天进行有意义的教育生活，进而带动了班

级的发展。而这些物化成果，推动我在专业路上越走越宽广。

下面我来盘点一下我的写作史吧！

小时候，如果要数我最得意的优势，首推写作吧。我们姐弟两人，一人擅文学，一人擅数学。在身边都是农村孩子的背景下，在偏僻的村小，我在班里有那么一点儿鹤立鸡群。

也许是缘于童谣的熏陶，乡里乡亲对我记性好的鼓励，我对文字稍稍有一点儿敏锐。在我六岁那年，爸爸不知从哪里捡来了一支粉笔，把我的名字写在门上，我一下子就记住了自己的名字怎么写。从小，学语文，认拼音，认字，不需费力去记，老师教一遍便牢牢记住了。一般孩子最搞不清楚的"的、地、得"，我根本不需刻意去记，能分得清清楚楚。读课文的时候，我能无师自通，早就一边读一边在思考：哦，这里用这个"得"的呀！那时也没有什么课外读物，唯一可以借鉴的范本，就是课文。在数学上，明显就没有这么无师自通的优势。

记得三年级刚开始写作文，我写了一篇《去外婆家的路上》——蓝蓝的天空飘着朵朵白云，小鸟叽叽喳喳地叫着，再写写路边的小花、小草之类，洋洋洒洒在笔记本上写了一页。三年级时的语文老师，一位乡村民办老师，小学毕业，也没多少文化，每天的语文课就是给我们讲讲故事，或者抄抄词语，读读课文。他一读到我的文章，宛如哥伦布发现新大陆一般，大大夸了我一通，把我夸得心花怒放。乡里乡亲，老师与家长之间也都认识，他只要一看见我爸爸妈妈，就把我狠狠夸一通。我妈每次听到老师对我的夸奖，分外自豪。这样的情绪，更是带动了我对语文、对作文的喜爱之情。每回写作时，脑海中拼命收集我那可怜的、匮乏的词汇和句子，自动融入作文中。兴趣是最好的老师。老师们的鼓励，让我觉得语文犹如一眼甘泉滋润了我童年的学习生活。

四年级又换了一位语文老师，亦是民办老师。这位老师依然对我充满了欣赏，后来不做老师了，三类型民办老师辞退时被辞退。教过我的老师们自身文化不高，共同特征就是特别擅长鼓励，尤其对我，宛如捧在手心里的宝。第多斯惠说，教育的本质就是激励和唤醒。我每天开开心心地上学，当着老师的小助手。"师不必贤于弟子"，我从自己的亲身经历中深深体会到，鼓励是一个孩子最好的前进动力，不在于老师真正教会了孩子多少知识，而在于是否在他的心底播下了一颗希望的种子。这颗种子，将成为这个孩子不断前进的勇气和力量。

每次，我代表班级去乡中心小学参加作文比赛，也能在优质的学生中杀出条路，获得全乡第二名，这让教我的老师们很开心。老师们见了我爸爸妈妈，说起我总忘不了夸奖。放在现在看，其实我不能算一个严格遵守纪律的好学生，天天早上睡懒觉，每天上学迟到，尤其一到冬天，懒觉更是睡得过分。

我读书时为五三制，五年级为毕业班，要小升初，是至关重要的阶段。考虑到我们班换老师太多，成绩不理想，新换了姚老师。他是位幽默风趣，风采斐然，口才一级棒的老师，长得阳光帅气，英俊潇洒。他就住在我家前面的村庄，我从小就认识他。尽管他只是高小毕业，但在语文教学方面独树一帜，绝对是个优秀的语文老师。放在现在看，姚老师那生动、有趣的语文课，依然可以算出色。姚老师的语文课堂，充满了欢声笑语，氛围活跃，给我们带来无尽欢乐。我们一个个深深迷恋上了语文课。姚老师的语言犹如春雨点点入土，给我小小的心田播下了文学的种子。他任教之后，每周会写自由作文。每一次的课堂作文，皆要求我们先打草稿，修改，再誊抄。他在语文教学上的兢兢业业、全心投入，无意中影响了我日后做语文老师的风格。历经村小、乡中心小学、市属小学、实验小学、省城学校，每回让孩子们写文章，我总不嫌麻烦，让孩子们先打草稿，我认认真真审阅、点评后再让孩子们修改，然后一丝不苟誊抄到正稿本上。好文章是改出来的。

可惜，姚老师刚退休就身患绝症，离我们而去。有一年，我请原先一起共事的同事们聚会，谈起他，我们唏嘘嗟叹。

临小学毕业，我去乡中心参加作文比赛，题目为"我爱＿＿"，一个半命题作文。我写的是《我爱菊花》，我把从广播里听到的"远销五大洲"等词运用了上去，还运用了老舍《养花》中的"有益身心，胜于吃药"等句。当时，比赛再次拿了全乡第二名。发奖的时候，已是暑假。姚老师亲自把奖状送到我家，对我妈说："小姑娘作文写得太好了！"教导主任丁老师表示怀疑，五年级的孩子哪能有这么老练的文笔？丁老师还亲自来到联星学校，翻阅我的作文本。若比赛时不是草草结尾，应该能得第一。

我小时候，一直很"二"，全乡作文比赛，拿的都是第二，没拿过第一。姚老师的表扬，让我妈妈得意了很长时间。小时候，也因作文好，小有名气，以至于乡中心小学的老师们都知道某某村小有个会写文章的小姑娘。

初一那年，正好进行长山河开挖工作。老师带着初一、初二两个班的学生前去参观。参观完毕，老师让我们在教室里写作文，说要进行作文比赛。同学们一个个唉声叹气、愁眉苦脸地拿起了笔。初一的我，把初二的学长学姐 PK 了下去，摘得桂冠。

哈哈，这些小小的获奖，让我的梦想越来越膨胀，甚至有点不知天高地厚了。有一段时间，我把当作家作为我的梦想。

初四自学时，收到好友惠的来信，她是理科高材生，不擅写作和英语，与我截然相反。她说，她们中专期中考试作文题目为"我想当____"，问我会不会写，能不能写给她看看。我拿起笔，洋洋洒洒写了一篇《我想当文学家》。对于文学，对于写作，我当时充满了炽热之情。梦想总会开花，有梦想的日子是幸福的。

读师范时，我的文采在班上公认地有一定优势。感谢同学们在给我的毕业赠言中留下了"拥有一手诗情画意的好文章"之类的话语鼓励我。

普师生培养的目标为全科老师，语文、数学都能教。工作了，我为做了语文老师而开心。我觉得给孩子们上语文课、讲作文、批作文，都是幸福快乐的事情。

在村小任教第三年，我带二年级的孩子去乡中心小学参加比赛，四个孩子全都榜上有名，一举进入前六名。每次只要有作文比赛，我班总有孩子拔得头筹。与姚老师一般，我每带一届孩子，都能挖掘一批作文苗子，让他们与我一样体验到写作的乐趣。那时候我会断断续续地在白纸上写一些教育小随笔，也投过几次稿，但都石沉大海。

1999 年，我在《小学语文教学》杂志上看到新出炉的《新作文》杂志举办征文比赛，我抱着试一试的心态，写了一篇文章《励、练、新、评——习作教学的四字秘诀》，按照地址寄了出去。本也没抱什么希望，没想到不久后收到了一张大大的全国三等奖奖状，收到了一份去山西太原参加研讨会的邀请函。

生平第一次这么受鼓舞，我很想去参加。章校长很大方，答应报销一半路费。暑假里，我兴冲冲地去太原啦！那是我第一次真正意义上的独自出远门学习。车票是上海的阿佩姐帮买的，绿皮卧铺。老公带着我先到她家，吃完中午饭，他们一起送我上火车。

当时的太原，冷清、落后，堂堂省城，居然厕所还是大茅厕，还不是抽水马桶，臭熏熏的，我走进去连连作呕。公交车也没几位乘客，与繁华的上海、杭州比，差距可不是一点点。难怪古人忆江南、想江南啊，江南是个好地方呀。

参加了研讨会，参观了晋祠，叩拜了五台山文殊菩萨——我可是第一回如此虔诚地叩拜菩萨呀。

这次外出学习，让原本孤陋寡闻的我，开阔了眼界，为日后的潜心学习，做了良好的铺垫。我在平遥古城中流连忘返……我一直在想，倘若当初我一直在自己非常钟爱的习作教学方面有所深入，那走的道路与现在可不一样，发展空间或许更大些。话说回来，文以载道，德育为先。

日子平平淡淡地过着，28 岁那年，我顺利晋升小学高级教师。

2003 年，我从乡中心小学来到桐乡市中山路小学。当时看到学校里的老师不论年轻还是年老，家中都有电脑。乡下来的土包子，看着羡慕，也买了电脑。我学了智能 ABC 拼音打字。一开始在 QQ 上与网友聊天，练打字，与两三位网友同时聊，打字速度与书写速度差不多后就不聊了。我开始在 word 上写文章，写什么呢？写我 30 年人生中印象最深刻的事情，写我的人生经历，写我印象深刻的教育小故事，写教学小案例……

某天，我看到了《教师博览》杂志上"我与网络"的征文。我记得有位作者写到了"教育在线"论坛对他的帮助。当晚我回家之后，开始寻找"教育在线"论坛。后来发现网易页面上居然有"教育在线"这四个字，赶紧点开，跌跌撞撞地进入。

从此，我的教育生命彻底被唤醒了。你与之交往的人，决定了你的未来！我被网友们的热情深深打动，他们每天不知疲倦地书写着，记录着，实践着，反思着。我浏览着一个个帖子，一篇篇文章，看了大约一周之后，战战兢兢地发了一个帖子。没想到，得到了网友们的热情鼓励。"哇！又一位才女呀！""文章写得太好了！"没过多久，此帖就被授予精华帖。我更开心了，当时身边朋友大多处于职业懈怠期，一下子从网上接触到这么多上进的朋友，我内心的小宇宙被唤醒，被激励。

原本我从小的梦想是当一名作家，这时候，我清晰地意识到，我的天赋和底蕴，不可能让我在作家这条路上行走。于是我放弃了散文创作，潜心写教育随笔。后来，我觉得精力有限，既要兼顾语文又要写教育日记，分身乏术。当我读到苏霍姆林斯基的作品时，内心高度认同，教育比教学更重要。到底是专注于我原本有基础的小学语文还是班主任？我反复斟酌，用了一个月时间思考：此时，我已经快35岁了，已错过开上公开课的最佳年龄，若走小学语文之路，必须得上公开课，得去赛课，一赛课，常常半夜不能睡觉。伤不起啊！

经过反复权衡，我弃文从德，潜心走了一条德育发展之路。好多老师觉得我转行转得明智，小学语文竞争压力比德育更大，虽说有一定道理，但小学语文是最大的一个学科，评特、评名师的名额远远多于德育。我评特级教师时，全省小学德育特级教师也就评了3位，小语特级教师评了19位。总有朋友替我惋惜，怎么不往小学语文之路上发展？多可惜呀！正如我的某位好友感慨："你若十年如一日浇灌在小学语文学科上，相信也早已走出一条道了。"从我初三当政治课代表开始，也许冥冥中已注定了我与德育之间的缘分吧！

从2005年开始，我走了一条阅读、实践、反思、记录的道路。写呀写呀，电脑中不知道堆积了多少"垃圾文字"。曾经以为这些都是纯粹的"垃圾文字"，后来其中80%的文字经过修改和润色，收录在我的专著中。

2006年某一日，"教育在线"上举办读后感大赛。我看了名著《飘》后，写了一篇《一朵永不凋谢的女人花》，阐述了郝思嘉的人物形象。没想到，拿了个第一名。奖品就是朱永新老师的一套文集，总共十本。我特别兴奋，简直中了个头奖。成长起步阶段的人，太需要鼓励了。

朱永新老师说，只有做得精彩，才能写得精彩。为了让明晚的写作更精彩，我常在构思：明天我该开展什么活动？该与孩子们谈些什么？该有些什么创意？……每天的写作推动了我的实践。我做呀做呀，写呀写呀，开始不断发表文章，开始做习作教学、童书阅读、后进生转化等方面的课题，踏上了一条用教科研拯救自我的救赎之路。

我从小的梦想是当一名作家，出版专著是一件从来没敢奢望的事情。大概是到2007年，我写教育日记坚持两年多的某一天，突然收到了论坛内的短信息，来自北京的一位编辑张老师，我与他素昧平生，也没见他在我帖子下留言。他问我是否愿意把我发在班主任论坛上的帖子结集出版。当时我取名为《红日喷薄，光芒万丈》。这是我带红日班一个学期的班主任成长日记。张老师说，他被我的爱心与智慧打动了，愿意帮助我出版。

当我看到这样的留言时，有点受宠若惊。从没想到会有这样的好机会，感觉天上掉下一个大馅饼，砸中了我的头。我开始兴致勃勃地整理书稿。

我的处女作《班主任教育漫谈》出版了，我当时特别不喜欢这个书名，我可是想取《飘香的教育舞曲》这个书名。现在看来，无论排版还是文字都较粗糙，有点拿不出手。但这本专著犹如一位幸运女神，把我推到了成长的镁光灯下。在沈校长推荐下，这本书被教育局领导认可，我这个藉藉无名的草根班主任一下子拿到了浙江省春蚕奖和市第三届师德标兵两项荣誉。2008年，依靠我的第一本著作，我到达我教育人生的第一个巅峰。

我很快就遭遇了质疑——大多数名师都会历经的过程。尤其是如我一般，没有经过赛课锤炼的老师，只是一线草根班主任，受到的质疑更多。随手一抓，每所学校里的优秀班主任很多。出专著，写文章，做课题，在老师们看来，有点不务正业。我没有被这样的巅峰所迷醉，没有沉沦，勇往直前。

当时电脑中堆积的文字已不少，我整理了书稿，取名为《飘香的教育舞曲》，到处投稿，要么被拒绝，要么石沉大海。某天，我收到了万千教育编辑部吴主任的回复，他给我一些选题，让我写出三个样章，列出书稿提纲，再敲定能否与我合作。

那时，我儿子还不到一周岁，没有老人帮忙带，白天托管在我老公的一位朋友家，晚上和双休日我们两人一起带。但一到双休，老公要忙他自己的事，几乎都是我一人带。没办法，每到周五下班，我只好把儿子绑在汽车后座的简易安全椅上，带去乡下外婆家，让我妈妈协助我带孩子，周日下午再回桐乡。当时，学校几位年长的老师看了直感慨："怎么孩子这样都高兴呢？这宝宝太乖了吧！"孩子有孩子的适应能力，没有办法的时候，我只能那么做。那时，我妈妈身体已不太好，老犯头晕，我也不敢让她太劳累。

后来，我开始在学校身兼两门主科——语文和科学。在此之前我从没教过科学，往往教一节课，准备时间远远多于上课的时间，而且是带几乎曾让我濒临绝望的红苹果班。家庭、工作重担，压得我常常喘不过气。想起这段岁月的艰难，时常有种流泪的冲动，也正是这段艰难岁月令我相信：只要心中有光，就没有过不去的坎。

我努力写样章，得到了编辑认可，再列提纲。终于，签订出版合同，开始了创作。晚上，当儿子熟睡时，我打开电脑，敲打文字，既然与编辑约定了交稿时间，就必须赶出来。只要有空闲时间，我就打开电脑写作。当时家中买了新房，手头紧，只好先把旧房卖了，蜗居在十几平方米简陋不堪的出租房中。儿子睡觉的时刻，往往是我敲打键盘的时刻。

2011 年 8 月，我出版了第二本书《小学班主任的 78 个临场应变技巧》，万千教育编辑部吴主任为此书责任编辑。此书受到了一线班主任好评，至今已重印 20 多次。

第二本书出来，我没想到卖得如此火爆。这本书没有动用任何官方宣传和推销，几乎都是网友的好评带动口碑。书中的每一个案例都来自我平时的教育教学实践，因此一线班主任很爱看这本书。

我继续往前走，脚步不停留。两年之后，2014 年，我又出版了第三本教育著作《打造小学卓越班级的 38 个策略》，继续与万千教育，与吴主任合作。这本书，是我多年来班主任工作的心血结晶。写作时，我很用心，结合 38 个心理学实验，整理我工作中的案例。许多案例，就是之前存放在电脑中的文字，我重新修改、整合。儿子越来越大，也越来越调皮，属于我的时间越来越少，但我依然拥有一颗初心，在整理书稿的时候十分用心。此书再一次受到了一线班主任欢迎。

吴主任继续约稿。2017 年我的第四部著作《小学班主任与家长沟通之道》面世，它源自我跨越十年一直在坚持做的家长课程。

我不甘心止步于此，把电脑中堆着的书稿重新整理了一下，又开始投寄，一次次被委婉拒绝。直到遇见大夏书系的编辑卢老师，他针对我的书稿提出了很多建议，让我重新整理修改。我开始用新的角度梳理、整合。2018 年 7 月，《不吼不叫，做智慧班主任》——我的第五本著作，由大夏书系出版。与大夏书系合作，是多少作者梦寐以求的事呀。书卖得相当不错，至今已经 21 印。

为了迎接我们集团十周年校庆，我梳理了对几个"问题孩子"的追踪过程，《教育，没有痛过你不懂》出版，这是我的第六本著作。

第七本著作《一间暖暖的教室》，第八本著作《智慧班主任的带班艺术》，由华东师范大学出版社出版。

感谢努力的自己，无论身处怎样的环境，始终保持一颗初心。点点滴滴，记录着，比记录更重要的是，阅读着，实践着，从不敢停止自己的脚步。

随着儿子日渐长大，随着头上光环越来越多，参与活动越来越多，属于我自己的时间越来越宝贵。我已无法做到日更或周更，但只要有零碎时间，我就会在反思中学着记录，给我的工作留痕。2017年暑假，去美国研修，我背着重重的电脑，每晚坚持给班里的孩子们写信……

感谢生命中一个个师长、朋友对我的帮助与鼓励，感谢一步一个脚印坚持着的自己，感谢努力享受工作的自己。那个曾经热泪盈眶，曾经那么喜欢文学的女孩，努力用点点微光，照亮自己前方的路。

一直以来，非常喜欢绘本《犟龟》，陶陶的坚持，永不放弃，深深温暖着我。只要坚持往前走，总有一场盛宴等着你！

年轻的班主任们，或者从小不喜欢写作，或者工作太忙，要做到坚持写作，谈何容易呢？

我想说的是，任何一件事情要坚持都是不容易的，事在人为。首先，我们可以开一个公众号或者简书，约上两三个志同道合的好友，定一个目标，争取周更一文或三天更一文。写什么呢？怎么写呢？可以选择自己最感兴趣的一个班级建设的切入口，列一个德育小课题，若能成为区级的课题是最好的，校级也可以的。围绕着你的德育小课题去创新，去思考，去创作文章，又能给你的课题积累资料，一举两得。不要怕写"垃圾"文字，写得多了，会越写越流畅，越写越会写。写作的时候，伴随着反思，不断修炼着你的班主任经营班级的能力。

时间不够怎么办？没有灵感怎么办？同行们，记得手机中下载"讯飞语记"等语音软件，学会利用碎片时间，对深有感触的事情，学会见缝插针地记录，比如空课的时候，散步的时候，对着手机叽里呱啦地说一遍，等双休日或者有空的时候再放到电脑上修改润色。

要学会自我鼓励，一个月或两个月坚持下来了，学会奖励一下自己，或者买一件自己想买的新衣，或者携着家人去附近的景点游玩等，不断鼓励自己，朝着目标前进。

当区里有学术论文、专题论文等评比时，你要学会抓住一切机会，去进行梳理和探究，确定主题，反复打磨和修改，争取从学校脱颖而出，在区里拿奖。在区里拿了奖，对你的鼓励会更大。同时研究德育类杂志的用稿方向，修改你的文章，按照用稿方向去给《班主任》《班主任之友》《新班主任》《中小学德育》等杂志投稿，若一年能发表两三篇，你写作的劲头会源源不断。

在研课、磨课、晒课、赛课中修炼

——兼谈我的磨课史

与公开课见长的名师比，我真的很不好意思盘点自己的公开课史和磨课史。好在我从不认为自己是一位名师，写下来，也算是对自己的一种鞭策吧！但不可否认的是，研课、磨课、晒课、赛课，是我一路成长的见证。

一

1991年8月，参加工作，村小。上岗培训的时候，教育局领导就说，一年后，要进行新教师评优课比赛。我清晰地记得，当时只比我们高两届的陈汝耐（很年轻就评上了特级教师）老师给我们做讲座，她在芝村村小工作，工作第二年在新教师评优课中拿了全桐乡一等奖。

我们学校的沈建松老师（现为茅小集团总校长）因为评优课比赛出色，从农村学校调到了凤鸣小学，也成了领导口中的榜样。那时城乡差别大，能进凤鸣小学，在当时的我看来，是一件不敢奢望的事情。

实习时，我第一次上课就闹了笑话：上习作例文《亮亮》一课，我站在上面讲课，如倒豆子一般，啪啦啪啦，结果20分钟就讲完了，接下来没事做了。当时的指导老师告诉我，应该再让学生读一读，多请几位同学发言……那时，我就深深感觉到，课堂真的是一门艺术。

工作了，开启了日日精心备课的状态。没有资料可以借阅，仅靠读文本来设计教案！每晚如一位小学生一般，恭恭敬敬地坐在台灯下备课。

第一次上公开课，应该是工作两个月后去乡中心小学借班上的一节语文课。我上的是一节后鼻韵母的拼音课。听课老师们夸我沉着冷静，一点不怯场，看上去老练得很。

一年后，新教师评优课片区比赛，能否冲出片区去桐乡参加比赛，非常重要。这是新教师崭露头角的最佳机会。

领导通知我的时候，学校正好放农忙假。20世纪90年代的江南农村还有颇多的民办老师，为照顾民办老师在农忙季节干农活，每年都会放一周的农忙假。没有班级可以让我试教，学校为我配备的指导老师为数学老师，没办法指导我，当时我缺少经验，不知道要去问问有经验的语文老师。

就这样，我单枪匹马，没有一点儿底，来到了崇福镇小，上了一节二年级《谜语》，课文内容为："上边毛，下边毛，中间一颗黑葡萄。"凭靠着工作以来每晚下的笨功夫，我配了版画，边讲课边画画。这样的一堂课，博得了评委老师——当时桐乡市语文教研员的好评。我冲出了崇福片，成为复赛课老师之一。据说是从65堂语文课中选9节，我成为了九分之一，也给我们学校的领导留下了好印象。

20世纪90年代初期，气象万新，人才奇缺。尤其教育事业，需要大批的师范生来充实教师队伍。我们这一届新教师奇多，单小学新教师就有100位。为了让我们冲出崇福片的这几位新教师在决赛中取得好成绩，在崇福片的教研活动中，开设公开课以进行赛前练兵。他们安排了我上语文课，吕香芬老师上数学课。

21岁的我，稚气未脱，初生牛犊不怕虎，我也不知道自己为什么胆子这么大，为什么不好好去请教乡中心小学的老师，贸贸然去上课，第一次闯公开课的江湖。那天，我穿一件粉红背带裤，白色羊毛衫，俨然一个稚嫩的小女孩形象。那时崇福片的活动格外隆重，老师们全都停了课参加。我站在上面讲课，望下去黑压压一片，有三百多位老师哪！第一次参加这样的活动，我压根不知道这么隆重，会有这么多老师听课。在短暂心慌之后，我马上冷静下来，有条不紊地按照我的预设讲课。凭借从小良好的语文功底、语感和较好的心理素质，课上得有点惊艳。外人看不出我的一丝怯场，套用现在的话语，初出茅庐，有几分上课气场。若换成现在，这样的场合，非磨个五六次，才善罢甘休吧！

我上的观摩课《树叶画》，这是一节听说训练课。在课堂的最后一个环节，我设计安排了"卖树叶画"的内容。"卖树叶画啦！卖树叶画啦！……"事先录制好一位同学的叫卖声，抛砖引玉，播放给所借班的孩子们听，由此来引发同学们卖树叶画，创设具体的情境——卖画，促进学生的语言训练。

下午是每个学校选派老师评课，说优点指不足。这样的阵势，把身居村小从没在"江湖上闯荡"的我吓蒙了。坐在上面，如坐针毡，心里紧张，扑通扑通，十五只提桶不时上下跳腾。好在老师们对我这个黄毛丫头给予了很多宽容，纷纷为我点赞，说我虽然为新教师，但教态大方，亲切自然，最后安排卖树叶画的环节，与90年代的商品大潮吻合，富有时代气息，又促进了学生的语言训练。

总之，这算是教育旅途上第一堂比较成功的晒课。十多年后，我来到工作的第二所学校，竟然还有老师说记得我这一堂观摩课，夸我上得太好了，年纪这么小，课上得这么好，给他们留下了非常好的印象。这就是所谓的初生牛犊不怕虎吧！

二

决赛了，去桐乡报到比赛，封闭式备课，下午告知备课内容，关在一个教室里，独自备课，晚上住招待所，不准回家回校。没有人指导，没有班级磨课，以做到绝对的公平公正。

备课、讲课就是在当时极负盛名的梧桐镇小，我抽签抽的是四年级的《海龟下蛋》，只得了三等奖。我当时在教一年级，从没教过四年级，可想而知，课讲得很一般。当年度语文一等奖空缺，两位二等奖，剩下七位都是三等奖。事后，我听说评委老师们对我们这一届语文课都不太满意。

　　捧着三等奖回校了，好在那时年轻，学校也没有给我什么压力。领导们觉得一个小姑娘，能冲出片区，冲进市里，已经很不简单了。因为那次评优课，领导们开始对我刮目相看。不得不说，晒课，尤其是赛课，是年轻老师能从同龄人中脱颖而出的一条捷径。

三

　　之后，在我们乡中心小学举行的各类评优课比赛中，我屡屡获得佳绩。印象最深刻的一次，我当时语数包班，我的兴趣和爱好全在语文课上，语文是我的主打学科，数学只是捎带和附属，结果赛课前，校长告诉我，上语文课的老师太多，让我改赛数学课。

　　我哪敢推脱，领导说赛什么就赛什么吧！要去建胜完小借班赛课，还是一节二年级的数学练习课。这对我来说太难了。怎么办呢？怎么找到这节课的切入口呢？我反复酝酿，突然想到了孙悟空西天取经一路闯关的故事。要不在这节课引入孙悟空这个形象，每训练一种题型，就过一道关口？这样，孩子们一定会很感兴趣。突然，我就找到了灵感。在赛课前一晚，我加了一个夜班，画了一幅孙悟空的画，设置了火焰山之类的关口，第二天让孩子们进行闯关。孩子们整节课兴致高昂，激情满怀。尽管是我不擅长的数学课，我再一次拿下了校级一等奖。

　　据说，评委们众口交赞，纷纷为我的创意点赞！

　　讲公开课、观摩课，是我这个青年老师经常做的事情。每一次公开课，教案梳理好后，对着家中的大穿衣镜，一遍一遍试讲，调整、模拟，晚上折腾到十二点多，第二天一早带着道具匆匆赶往崇福。好在年轻，这样的日子，觉得充实，并不觉得辛苦。

　　我第二次在桐乡市里获奖，参加的是桐乡市首届双高课比赛。那是1998年4月，我上的是古诗《锄禾》这一课，去崇福镇小上的。现在已改为《悯农》（其二）："锄禾日当午，汗滴禾下土。谁知盘中餐，粒粒皆辛苦。"教研员听的课。

说是比赛课，一直没有一点获奖的消息，我估计自己不会获奖了。突然有一天，教研员来到我们学校，翻看我的备课本，看我班里孩子们的课堂作业本。偏僻农村的同事们，觉得诧异，亦有同事鼓励："桐乡的领导都来看你的备课笔记，你以后会出山（注：方言，有出息的意思）的。"后来，我荣获了桐乡市首届双高课的优胜奖。当时公布的获奖名单中，语文、数学科目总共才五位，我是农村小学中唯一的一位。

四

长江后浪推前浪，随着后起新手的不断涌现，随着自己职业倦怠的到来，我不再每天钻研，而是抄抄教案，看看琼瑶小说。专业行走，不进则退，很快会被超越。

之后的片级比赛，我没能再冲出片。一次是与一位后起新秀 PK，这位是镇小重点打造的非常有才气的男老师，他被学校推荐到当时杭州最有名的特级教师张化万团队中学习，其锐气不可阻挡。一次是与一位非常优秀的女教师一起上《小音乐家杨科》，我农村小学单打独斗的课堂，与团队精磨的课堂相差悬殊，而且那时的我的确没有深入钻研，没有细细读《小学语文教师》等杂志，吃着老本。没能再冲出，实在情理之中。

2003 年我来到工作第二站，新调进的老师，需要上公开课。我第一次遇见真正给我课堂指导的老师。汤校长是一位语文素养很强的老师，我上公开课时，在他的指导下，放得很开。结果，我把全校同一年级的六个班全都试了一遍。

2006 年的时候，我去振兴西路小学上片课，我借助张祖庆的成名课《我盼春天的荠菜》，上了一节颇有深度的语文课。这是我上的最后一节语文公开课。

之后，我与语文情深缘浅，日渐疏远。我望着语文的背影，默默祈祷，神情黯然。我的转型之路，慢慢浮现。所有在语文方面的累积，转眼间都成了浮光掠影，但也为我的成功转型，积淀了专业上的素养。

五

2007 年，我上了人生中第一节市级主题中队观摩课《学会感恩，孝敬父母》。

之后，又去植材小学上了一节市级品德课《我最棒》。本来不是我上，是学校另一位老师上，领导早早与她说好了，临上课不到两周时间，她以身体不好为借口不上了。沈校长找到我让我去上。我实在不好意思拒绝，就答应了。我是第一次上品德课，之前没有任何经验，在校长的帮助下，还算完美地完成了任务。这次临危救急的课堂展示，是压力也是动力，让校长对我产生了好印象。有些时候，机会既是机遇，也是挑战。把握住了，给自己发展也赢得了机会。

2009 年 4 月，在恩师张万祥老师的推荐下，北京丰台区中小学班主任来到我们学校，听我的一节主题班会课以及班主任专业成长的一个讲座。沈校长特别支持，安排了不少老师帮助我打磨课堂细节。教育局领导周主任来帮我磨课。专家给我提出了课堂的不少硬伤，提出了不少建议。一节一年级版本的《学会感恩，孝敬父母》，在领导的支持和关爱之下，上得比较成功和圆满。

这一次课堂和讲座的成功，为我赢得了走出桐乡的机会。丰台区骨干班主任的带队老师和班主任们特别满意我的课和讲座，于是恩师又一次大胆地把我推荐了出去——广东佛山九连小学。又一次班会课和讲座。借班上的课，效果不算好但也过得去，讲座空前成功。

六

之后，陆续有一些班会课的展示，印象最深刻、生命中最重要的一次开课，是 2013 年南湖之春课堂展示。

当时，嘉兴市德育教研员严老师对我说，南湖之春首开德育专场，希望我能上课。我一口允诺。在嘉兴，谁不知道南湖之春的舞台对一位老师来说，是何等重要？这是嘉兴官方最高的一个舞台，多少老师梦寐以求呢！虽然前一年我在南湖之春的开幕式上作了发言，但谁不想再登一次台呢？

我确定了主题为安全教育。怎么上呢？2011年的时候，我去天津开过一节安全教育的主题班会课，效果不算最佳也不差。我拿出了教案，进行修改和润色。一开始，独自一人研究与探索，教案自己打磨了一遍又一遍，反复修改，去平师附小上了一节，中规中矩。

严老师和陶处长亲自来我们学校把关，课又精细了些。这时，我们学校为我配备了一个磨课团队，永平校长和阿东大队辅导员主管，他们为我想了很多点子。我的课不断被阿东否定，在一次次磨课中，在一次次推倒重来中，我脑海中的思路日渐清晰。我真的很佩服阿东老师看课、看问题的能力。

离展示只有两天的时候，学校请来了我们集团的德育团队，再一次为我的课把脉。我很感谢老师们的群策群言，感谢部分老师赤裸裸地坦陈不足，现在的社会已很难听到如此率真的评课了。泰戈尔说："不是槌的打击，而是水的载歌载舞，使卵石臻于完美。"

又一次推倒重来。不过，脑海中的思路已比较清晰，尤其是后半段。

第二天就要上课了，然而，我最终的教案和课件还没有完全定下来。先去上课地点，带领孩子们拍照，做课件，我只能走一步看一步了。

为了让情景再现，更有现场感，我拿出了儿子小时候用的纱布尿布，用剪刀裁剪成一条一条的，做成了绷带，晚上干到了凌晨。

出发去嘉兴南湖国际了，此刻，我的脑海中还没有明确教案。好在上课是在下午第一节。同乘车的工作室的小伙伴问我："胸有成竹了吧？"我告诉她们："直到现在课件还没有定稿，等下要看到孩子们之后再说。"她们一个个惊讶得不知道说什么好，要知道，这可是南湖之春的舞台。

8点半，我与班上的孩子们见面了，分了组，拍了一些孩子们的照片，稍稍互动了一下。然后，我打开笔记本电脑，在南湖国际老师的办公室里开始做课件，一直做到 11 点半吃中饭的时候，全部搞定。

此刻，我脑海中的思路已经清晰，如何上课，心中有数了。

下午上课了。孩子们的表现太棒了，前半节课孩子们分组汇报在教室、走廊的不安全行为，精彩！不愧为南湖国际的孩子呀，没有任何事先彩排，一组组汇报得落落大方，精彩纷呈。后半节课，我抓住"预防"两字，层层深入，高潮连连，笑声阵阵，下面听课的老师不时送上笑声、掌声、喝彩声，让我这位"人来疯"的老师更是找到了感觉。

浙江省班主任专业委员会的韩似萍老师给我的班会课非常高的评价，夸这节课是她听过的最吸引人的班会课。

在教案修改了 12 次，磨了 8 次后，凤凰涅槃，呈现的课堂出乎意料地精彩。这节安全教育的班会课，成了我的代表课之一。每次上课，皆能触动孩子们的爆点。

南湖之春的课，是一场历劫，是一次蜕变，这节班会课后，我爱上了主题班会课这种德育课模式，也摸索着上了一些课例……

此心安处，即是吾乡。

年轻班主任们，研课、磨课、晒课、赛课，是历练成长的非常有效的方式。为伊消得人憔悴，我们要对课堂进行深入钻研，在研课、磨课、晒课、赛课中逼迫自己不断思考，不断精益求精，在过渡词的转承启合中，在课堂到达的高潮中，带领孩子们走向更明亮的那一方。

课堂是相通的，我们做班主任的同时，一定教着语文、数学、英语、科学或者技能课，自己专业上的磨课、研课、晒课、赛课，对于提升立德树人能力非常有用。深耕在教室，深耕在课堂。江苏的一位特级教师说，最好的师德就是上好课。年轻的班主任们，趁年轻，我们要默默研课，乐于磨课，勇于晒课，积极赛课，在课堂上丰盈自己，提升自己，润泽学生。

也许有的班主任会问，班主任专业发展的课堂不是主题班会课吗？与我们任教的学科的磨课、研课、晒课、赛课，又有什么关系呢？一位优秀的班主任，一定同时也是一位优秀的学科老师，守住自己的学科，这是我们教育质量的生命底线。

如和我一样，走一条班主任专业发展之路，上主题班会课就是我们的专业课堂。我想说的是，课堂真的是相通的，一位能上好自己学科的课的班主任，一个有良好课感的班主任，只要稍作研究和打磨，一定能上好班主任的专业课堂——主题班会课。

救赎，让自己不断强大

年轻的班主任们，在我们一路行走一路修炼的过程中，谁会是一帆风顺的呢？当我们的专业发展陷入瓶颈的时候，当我们初来乍到暂时得不到众人认可的时候，当一个个机会从我们身边溜走的时候，当我们彷徨、犹豫、不安的时候，进行自我救赎至关重要。

2003年8月，经过面试、笔试等层层竞聘，我从乡中心小学怯生生地踏上了市属小学的土地。

我没有顶着"骨干教师"等光环来到新学校——那时候，我们乡中心小学还没有教师评上过市级骨干。尽管当年度我参与申报，条条杠杠全都符合，连乡村校长都觉得市骨干非我莫属，表彰名单上却没有我的名字。

哀怨、无奈。我感叹世道不公。

新学校，新面孔。我素喜欢把自己打扮得花枝招展。我的新同事以为我如蝴蝶一般虚空，不务实。

第二学期，学校开评市、校级骨干教师。论硬件，别说校级，市级我也绰绰有余。同事好心指点——咨询校长。按领导指点，我同时申报了市级和校级骨干。猝不及防，张榜公布那一刻，我的心情陷入了无底深渊，别说市级，连校级都没评上。

与名校的师徒结对轮不到，去嘉兴南湖之春的听课轮不到，骨干班主任的培训班轮不到……学校机会其实很多，但一个个都与我擦肩而过。我恍然明白，初来乍到，一切回归到原点，之前的种种优秀与获奖全都回归到零。怎么办？我该如何在新校立足？如何获得领导与同事的认同？

我的专业成长的点在哪？……

我渴望专业成长，渴望在这样的新环境中有人来拉我一把，渴望领导能给我一些培训的平台，渴望能拜市里有名望的老师为师……当我看到一个个培训机会都悄然与我擦肩而过，我猛然觉醒：与其祈祷别人帮助自己，不如自我救赎，让自己日益强大。

丢弃了抱怨，放弃了嘘叹，我默默地开始了一个人的"救赎工程"。我默默地守住一个教室，带好一个班级，让孩子们的成绩在年级组变得顶呱呱。2004年10月2日，误跌误撞的我进入了"教育在线"论坛，宛如一只嗡嗡叫的小蜜蜂进入了一个争奇斗艳的百花园。看着优秀的同行不知疲倦地阅读、书写，我原本沉浸在心底的教育情结被最大限度地激发了。我的教育生命掀开了新的篇章：我开始疯狂阅读苏霍姆林斯基的著作，我如着了魔一般，进行教育书籍的阅读，恣意开始了教育日记的书写……

我原本就挚爱的班主任工作，因为阅读、写作、思考、反思、实践，更是如鱼得水。我连续两年被评为校优秀班主任。

从2005年开始，我不断发表文章，潜心做市级课题。同年，我的语文抽考成绩在市抽查中优秀率高达近65%，校长当着全体老师的面为我翘起了拇指。当同事纷纷以为我在考核时被评为市优秀时，一张合格的证书并没消灭我前进的脚步。此刻的我，对自己专业成长的呼唤已不单单靠荣誉就能牵绊了。

2006年，我毅然填写了市教坛新秀的推荐表格。我发表的一篇篇文章，我参与的一个个课题，我在原先学校所获得的各项荣誉，让新单位的领导们对我刮目相看。我的名字已然出现领导们的心中了，尽管最终没推荐我，但已对我留下好印象。

2006年，市首次评选德育骨干教师，我有幸成为四位获评者之一。2007年，我被评为市德育学科带头人；2008年，我的首部著作出版，并获浙江省第21届春蚕奖；2009年我开始走出浙江讲学；2010年，我通过层层考核成为我校有史以来第一位"嘉兴名师"；2011年我的第二部著作出版……我已踏上专业成长的快车道。我深深地意识到，当没有人关注你的时候，与其抱怨与责怪，不如自我救赎，让自己不断强大。这样，你的前景也就越来越宽广了……

这个世界上唯一的救世主就是我们自己。暂时没有得到领导的认可没有关系，没有评上优秀也没有关系，关键的是，我们要在沉寂中静下心来，分析自己班级存在的问题，对症下药，把班级带得风生水起，把孩子们的成绩带得顶呱呱。同时，还要学会自我救赎，不断努力，不断读书、写作、实践与思考，不断地让自己成长：擅长写作的班主任去写文章，去发表或者参加比赛；擅长上课的班主任去赛课，去参加班主任基本功大赛，冲个区一等奖、市一等奖；喜欢做课题的老师，默默耕耘，争取区课题立项并获奖……

也许有的班主任会说："我什么都不擅长，怎么办？"没关系的，那你就研究班级常规，每周的优秀文明班争取榜上有名，或者研究教室卫生，每天带领孩子们把自己的教室搞得干干净净，那总可以吧！

救赎自己，把班级管理做出亮点，做出特色，做出一点范儿……花若盛开，蝴蝶自来。当你真正有作为的时候，你的地位自然而然就高了。不知不觉，你就找到属于你的一片教育天空了。

诗化教育，成就现在的我

一个人的成长，总有一些轨迹可找寻。冰心说："成功的花，人们只惊羡她现时的明艳！然而当初它的芽儿，浸透了奋斗的泪泉，洒遍了牺牲的血雨！"十年，我从一个不为人知的草根班主任成长为全国"双优教师"——全国优秀教师和全国中小学优秀德育工作者，应邀去全国各地讲述班主任成长历程，同时，出版了《小学班主任的 78 个临场应变技巧》等多部畅销作品。回首来时之路，风潇潇兮，雨瑟瑟。

2003 年，我从一所农村小学来到市区学校，原有的鲜花和掌声归复为零，一切重新开始。迷惘、失落、无奈，分外渴望外力来拉我。在无力改观的情况下，偶然间，我通过阅读陶行知，让我的心灵开始敲打锤击。"真正的教育必须能造就能思索、能建设的人"，应培养年青一代成为"新时代之创造者，不是旧时代之继承者"。细细地品读陶行知，纵观陶行知教育思想，不难发现，大力倡导创造教育、积极培养学生的创造性思维和创新能力，是陶行知创造教育理论的鲜明特色，也是其教育思想的精髓。他以生活教育为基础，认为创造教育就是要把行和知、手和脑统一起来，教师"所要造的是真善美的活人"，教师的成功就是"创造出值得自己崇拜的人"。这些话语，如醍醐灌顶，时时敲击着我的心灵，我沉睡的教育生命开始觉醒：作为一位班主任，我面前的不仅仅是五十多个孩子，更是五十多个家庭。之后，我开始有了一个朴素的理想：让每一个生命都在教室里开花。

于是，我站在要把每一位孩子都培养成"大写"的人的教育高度，审视班上的每一个孩子，等待激励每一位孩子。怎么激励孩子们呢？如何找到我的班主任工作的特色和亮点呢？我分析了自己身上的长处和不足，我在艺术方面并不擅长，但从小对文学异常热爱。要不，以文学为切入点，来建设属于我的诗歌激励课程吧！

说干就干。我开始立足自己的教室，利用我从小喜欢文学这一爱好，潜心经营班级，努力用诗化教育构建自己的班主任工作特色。我以别出心裁的激励方式为载体，在富有创造性的激励课程中，想尽一切办法唤醒学生的潜能，挖掘每一个孩子的能力，让孩子们在温馨的教室里，幸福快乐地成长。我开始醉心于班主任工作，不知疲倦地走上了一条班主任专业化的道路，做诗意、阳光的心灵种花者。

送嵌名诗，淌进孩子的心灵

书香遐迩沁心脾，我以诗歌为载体，丰富孩子们的生命，润泽他们的心灵，努力让班级管理弥漫着浓浓的诗情画意。

比如刚接班的第一天，我给每个孩子送了一份珍贵的礼物：用每个孩子的名字编两句诗，然后把它打印出来，装在信封里，作为见面礼送给孩子。别出心裁的礼物，给孩子们留下了非常美好的印象。比如：张晓婷——晓荷绽颜无限娇，婷婷玉立性高洁；沈诗媛——唐诗宋词皆上品，琴棋书画小媛通；梅杰——梅花香自苦寒来，若想杰出勤为先。

孩子们的名字顿时变得生动和丰富，不经意间也点燃了他们求知、进取发展的火花。

诗歌评语，润泽孩子的生命

学期结束，我又别出心裁地根据班里每个孩子的特性、禀赋、爱好，给每个孩子编写或改写了儿童诗，既是评语，又当作礼物送给孩子。比如我送给品学兼优的女孩媛媛的评语为：

你是完美的象征

——送给陈媛媛

一个女孩，名叫媛媛，

美丽如诗，

可爱如画。

一个女孩，名叫媛媛，

踏实如松，

认真如蜂。

一个女孩，名叫媛媛，

朗诵如梦，

耐心如水。

盈盈一水间，

脉脉在人间！

啊，这样的女孩，

怎不让我们爱？

每个孩子都是独一无二的生命个体。一首首诗歌评语散发着清香，温暖着孩子们的心灵。孩子们读到这样的诗歌评语，那份欢欣鼓舞不能用语言描绘。润泽的教室，因为有我为孩子们编织的如花岁月而诗意绽放。

为生命颁奖，给予孩子最隆重的祝贺

每一个生命，无论他天资聪颖抑或愚钝，都值得我们用心去尊重和爱护，并给以无限的希望。我给班里每一个花香扑鼻的女孩赋予花的含义，给她们颁奖：钱怡笑——牡丹奖；周原青——荷花奖；吴子涵——茉莉花奖；陈为佳——百合花奖。一个个女孩因被赋予花的名称而变得更娴雅、更知书达理，我诚挚地祝愿她们在未来的日子中都能做心思细腻、花香沁人的女子。我给每一个男生赋予树的灵魂：张杭宇——楠木奖；陈箫箫——杉木奖；李玮——白桦树奖；陈思豪——银杏树奖；周滋行——紫檀树奖……我希望这些男生在未来的世界里都能做顶天立地的男子汉。

当有的孩子表现足够好时，我就给这个孩子举行生命的庆典——"某某公主日"或"某某王子日"（这一天就用这孩子的名字来命名）：小公主穿上裙子，戴上大红的玫瑰花冠；小王子穿上西装，戴上黑领结，头戴王子头冠。我会送上符合他们生命特质的诗或词，再精心挑选一首合适的歌曲，当然还要进行歌词的改写，比如，在子涵的公主日里，一整天《好一朵美丽的茉莉花——送给亲爱的子涵》的歌声都在为她流淌，大大的宣传海报"子涵公主日"高高挂起。这样的庆典融入了孩子的生命意象，给予了孩子最隆重的祝贺……

晨诵诗歌，温暖孩子的心灵

班里有一个名叫坚强的孩子，除了语文偶尔能考三四十分，其余功课皆徘徊在个位数。基础那么差，可在我的鼓励下，一直很努力，他从没落下任何一项作业。当课桌椅破损时，他总会及时修理，看着他的双手灵活地翻飞，我既感慨又感动。

我决定送一首诗温暖他。经过反复思量，我决定送金子美铃的《我和小鸟和铃铛》。

我伸展双臂，
也不能在天空飞翔，
会飞的小鸟却不能像我，
在地上快快地奔跑。
我摇晃身体，

也摇不出好听的声响，

会响的铃铛却不能像我，

会唱出好多好多的歌。

铃铛、小鸟还有我，

我们不一样，我们都很棒。

周一，晨诵时刻，我们吟诵《我和小鸟和铃铛》，反复吟诵后，我让孩子们谈一谈这诗让他们懂了什么。

"每样事物都有它的长处，都很棒。"小英说。

"世间的每一个生物都有自己的长处，我们要扬长避短，做最优秀的自己。"志宏说。

"是啊，孩子们，每个人来到世间，都有道理，上天都会给我们一双美丽的水晶鞋。尺有所短，寸有所长，我们要学会扬长避短，做最优秀的自己。"我充满感情地说。

"下面，我们一起把这首诗，送给双手灵巧的坚强同学。"我在黑板上写下了这样一段话：

亲爱的小强啊，

你的双手很灵巧，

只要你努力，

你的未来一定很辉煌！

孩子们一个个站立着，绘声绘色地朗诵："亲爱的小强啊，你的双手很灵巧，只要你努力，你的未来一定很辉煌！"孩子们在胸前摊出双手，做出送礼物的样子。站在讲台上的小强激动地说："谢谢，同学们，我会努力的。"

"亲爱的孩子们，上帝让我们来到世界，总归有他道理。看看坚强，为人踏实，又这么善良和热心，双手这么灵巧，将来开个摩托车或汽车修理部，照样会很成功。孩子们，每个人都是与众不同、独一无二的，每个人都是很棒的。下面，我们再一起把这首诗歌送给可爱的小强同学吧！"我上去与他握手和拥抱。他站在上面泣不成声……

从此，他不再懦弱和卑怯，笑容渐渐浮上了面颊。他承包了班里所有修理工作。渐渐地，他找到了在班级里的存在感，小学毕业时，语文考了 70 多分……

诗化教育，让一个个孩子因得到这别出心裁的激励而分外努力，整个班级焕发了勃勃生机。润泽的教室，因为有了这些诗歌，而变得闪亮。在带班中遇见难题，我丢弃了抱怨和牢骚，如啃骨头一般，通过一个一个小课题的建设和研究，边实践边摸索，用办法总比困难多的信念来勉励自己，一个个难题自然迎刃而解。

用创新给自己的班主任工作开辟一条道路

四月，一个美好的日子

春光旖旎

莺歌燕舞

一树一树的花开

娉婷鲜妍

再美的四月天

也抵不过您一路的激励

是爱，是暖

是情，是真

是父亲般的厚实

是茫茫大海上的灯塔

是前进路上的那盏明灯

——致恩师张万祥

细数我教育人生路上的帮助者，我生命中的贵人，一个个人影如浮云一般展现在我的眼前，最清晰高大的就是我的恩师张万祥。

依稀回忆起 20 年前，刚从农村学校来到新单位，无所适从的我，晃荡在教育论坛的时候，我遇见了生命中最重要的贵人——张万祥老师。

是幸运？是感动？是冥冥中的注定？……猛地想起了张爱玲这段话："于千万人之中遇见你所遇见的人，于千万年之中，时间的无涯的荒野里，没有早一步，也没有晚一步，刚巧赶上了……"遇见了恩师，改变了我的教育人生，让对教育职业萌生倦怠之心的我，打开了一扇明亮的窗户，望见了更湛蓝的天空，有了高飞的冲动。

我悬浮着的一双脚慢慢地踩在大地上，我彷徨犹豫的步伐日益矫健。黎明的曙光，因此喷薄。

恩师如山，如父，给一位无名小卒长信指点，铺桥搭路。一路的叮咛，一路的鼓励。山一程，水一程，恩师的激励永铭心。

还没正式成为师徒，恩师的一本本专著携着他对小生后辈的满满的关爱，飞越千山万水，寄到我手中。

某日，我收到了恩师赠我的书——《班主任工作艺术创新100招》。创新艺术？我的心灵如电光石火飞过，我手不释卷，如饥似渴地读着它。我被恩师那满腔的带班热情，更被他带班的创新艺术深深折服。

读着恩师写给学生的温暖的鼓励信件时，我的心头莫名感动。我不也可以给孩子们写信吗？于是，我给班里的每一个孩子写了一封信作为评语。整整一个月的夜晚，我都在电脑前敲打文字，我把爱和叮咛、鼓励融入了信件，一个浩大的"情书工程"启动了，这是我走进学生心灵的暖招。

读着恩师精心准备的新学期第一次亮相，我怦然心动，精心设计，新学期第一天就让孩子们踏进了一条暖暖的诗意之河。我为孩子们创作了一首清新的小诗：

今天，是九月的第一天，
一个个可爱的红苹果，
从八月的家中匆匆赶来，
来到美丽的中山路小学。
从此，
踏进明亮的天空，
书写新的传奇。

我为每个孩子准备了一个可爱的毛绒玩具,一边报着孩子们的名字,一边表达着我对他们的喜欢。当有孩子上来,我摸摸他的小脸蛋,对他说:"祝你像喜羊羊一样聪明有智慧!"当我送出小老虎玩具时,我会与孩子握握手:"祝你像小老虎一样虎虎有生机。"……

　　我富有创意的开学第一天,给予孩子们仪式感。看着孩子们舒心的笑容,我由衷体验到做班主任的乐趣。

　　看到恩师在孩子们的名字上大作文章,给了我许多思考。带诗翔班、红日班、红苹果班时,我把班里每个孩子的名字,镶嵌在两句小诗里。夏月婷——如月娴静芳香溢,婷婷玉洁世无双;左纯存——清纯可爱惹人爱,心存高远性高洁……一句句嵌名诗,让我的班级经营带有浓浓的诗意。

　　第一次走出浙江讲学,得益于恩师推荐,一路短信相随,一路温暖鼓励……我拥有的台前的鲜花和掌声,源自恩师对我的鼓励和支持、提携和搭台。恩师专著中的金点子和创新的招数,让我明白了班主任工作该推陈出新,让我看清了前进方向,明白了前方的路该何去何从。我知道了教育人生不能忙忙碌碌,人生该有所追求和奋斗。恩师如一盏点亮的灯,照亮了我的前方,予我以恩泽和果断。

　　恩师在班主任事业上孜孜不倦地追求,早早立下一辈子只做班主任的誓言,恩师淡泊名利,沉静安静,矢志不渝地坚守班主任岗位。他退而不休,紧随时代,学会打字,学会上网,开启网络收徒先河,他甘当青年班主任的垫脚石,劳心劳力地当起了主编,只为推荐我们这些青年后辈发表文章。他生病住院,动大手术,却悄无声张,在微信上装作没事一般……恩师品格高尚,人格魅力十足,是一位青春洋溢的活力老人,受到了来自全国各地青年班主任们的崇拜和热爱。他以崇高的人格魅力,吸引着我们,折服着我们。

　　恩师对我的提携、鼓励,我深深地铭记于心,并将产生一股绵延不绝的力量:常怀一颗感恩之心,努力做恩师一样的人师,去点亮一盏盏心灯，发出教育的微光，毫不畏惧地往前，往前……

自从遇见恩师，我的班级管理，更注重创新，更注重智慧，更注重艺术，更富有温度，我的班主任工作日渐拥有了自己的特色和亮点，我努力用创新给自己开辟一条道路。

第 三 辑

尽管一地鸡毛，仍努力寻找班主任工作的诗意

班主任的每一天，如履薄冰

做班主任难吗？烦吗？

我不想欺骗年轻的同行们，说做班主任如何简单。这是一门与人打交道的学问，所谓教育学就是一门关系学。也曾有一位著名特级教师说，能当好班主任的老师一定能当好校长。我没有当校长的经历，无法质疑这种说法是否正确，不可否认的是，班主任工作属于管理类艺术，这也是我常常阅读企业管理类书籍的一个重要原因。

我们做班主任，要学会与学生，与同事，尤其是与家长打交道。现如今的"维权时代"，家长动辄投诉，回复信息不及时要投诉，老师沟通时太强势要投诉……种种投诉理由的背后，折射着时代、社会对学校办人民满意的教育的高标准，也折射了时代和社会的进步。老师这份职业已转换为一个服务行业，我们得顺应时代的进步，而无法嗔怪对零成本"维权"的过度支持。细思一下，大部分投诉的背后，不是因为当下这一件事情令他不满意，更多的是因为长期累积的隔阂……

从工作到现在，我一直觉得自己真诚地对待每一个孩子，处理事件，不敢说百分之一百公平与合理，但努力追求公平与合理，在我眼里，没有成绩好与不好的区分，只有对与错的区别。孩子总是在错误中成长，犯错误是正常的，不然，就不需要教育了。

接触的家长形形色色，无论是功成名就的成功人士，还是大字不识一个的乡村农民，抑或是如我一般平凡工作岗位的人们，或者是来浙拼搏的新居民，大部分都纯朴、善解人意。他们能理解老师工作的艰辛和烦琐，能体谅老师工作中可能会出现的疏漏和不足，我与不少已毕业孩子的家长成了真挚朋友。

但美好的生活中总会出现一些不和谐音符。现在，我觉得脚步越来沉重。

一

新接一年级才半个月，突然小 C 跑来对我说，他的 10 元钱不见了。他告诉我时，已是第二天，我没办法立刻处理，只能先叮嘱孩子下回把钱放好，一旦发现钱不见了，第一时间报告老师。

隔天，孩子来交钱。我问他："钱找到了吗？"不知是孩子不理解我的意思，还是胆子小，他朝我点了点头。

后来，来接他的爷爷对我说："孩子的钱被人偷了。"我觉得很奇怪，孩子已交了钱，怎么又说被偷了呢？我告诉爷爷："可能孩子记错了吧？他不是已经交钱了吗？孩子还小，是搞不清楚的。"

这孩子表现好，担任了我班卫生委员，每天放学后打扫卫生。有一回，孩子生病了，吊了水。第二天放学时，我一疏忽，忘记交代孩子不要搞卫生了。这个男孩的爷爷站在校门口，板着脸对我说："我看你这位老师啊，孩子生病了，还让他打扫卫生。上回就说，孩子还小，搞不清楚。"我听得云里雾里，觉得很委屈。这孩子的姐姐我也教了两年，两年内，原本一般的姐姐在我各种手段的鼓励下，脱颖而出，成了班级宠儿。难道，我是怎么样一位老师，他还不知道吗？

当时，我与孩子爸爸打电话。我说，我真的感到委屈。说着说着，眼泪如珠子一般顺着脸颊淌下来。孩子爸爸在电话中向我解释，爷爷是一个脾气暴躁的人，让我别搭理他。

之后，见到这位爷爷，我学会了退避三舍。有一周，我送路队出来，看见孩子爷爷已在等候了。他看见我，主动打招呼："许老师！"我朝爷爷一笑。

这一年，我从没因爷爷的态度而改变对孩子的想法，我的真诚终于换来了爷爷对我的尊重。

二

前一段时间甚郁闷。我没想到，居然会有家长如此"暗箭伤人"。

去年教一年级，班上有一位孩子 Y，从第一单元的 17 分到 23 分到后来的 8 分甚至 0 分，这是我工作以来从没遇见过的情况。一则新课程教材内容太难，每天要学习的东西太多；二则不得不提孩子的自身问题——接受能力弱。孩子第一天来上学，数学老师就发现这个孩子的情况了。其他任课老师也是一到我们班来上课，就感觉到孩子的与众不同。

一开始，我也努力想让孩子不掉队，每天放了学，留到很晚，但怎么教也教不会。有一天早上，他因害怕放了学要留校哭闹着不肯来上学。拼音，真没办法让他学会。

后来，认字了，每天十几个的认字量，根本没办法让 Y 认识，再加上我班共有十多个接受能力慢的孩子，需要我的呵护和照顾。第一单元考试，我班共有 11 个孩子不及格。

其他孩子在家长的配合下，在我呕心沥血的努力下，渐渐入门，开始掌握知识了，学习成绩一点点好起来了。可是，一遍一遍教 Y，他依然没什么进展。作为老师，我首先是 50 个孩子的老师，而不是 Y 一人的老师。面对全班这么多孩子，我真的不可能再有多余的精力放在需要特别教育的 Y 身上。不然，对其他孩子则是一种不公平。我教书这么多年了，学知识如此慢的孩子的确是第一回遇见。

我联系孩子的爸爸妈妈，告诉他们，世上只有爸爸妈妈才可能对孩子无怨无悔全力投入。我很真诚地给他爸爸妈妈写了一封信，希望家长能带着孩子去看一看，倾听一些专家的建议。

我依然没放弃这个孩子。跳绳比赛时，我每天坚持放学了留下孩子跳绳。要知道，单就让他学会跳绳，不知道要我付出多少心血！个中滋味也只有亲身经历的人才能体会。

突然，有一天，家长告诉我，想休学，让我联系校长。我把这个情况汇报给了校长。校长说要看看这孩子，于是，与孩子妈妈交谈了近一个小时，建议要慎重考虑，不然，孩子一学期在家，将会增加家长的负担。

期末考试时，家长没打任何招呼，孩子没来参加考试。后来，第二个学期，我联系过几回家长，说孩子在退休老师家里单独学习。

整个过程，我自认是用一颗真心对待孩子与家长。

这学期，孩子复读一年级，摸阄摸到的老师，似乎对我颇有怨言，感觉孩子休学，是我在背后指点。一天，他看见我，问："你怎么想出来让他休学的？"把我问得莫名其妙。

试问，哪一位班主任有这能耐让家长产生让孩子在家休学半年的想法？

又有一天，我听到一个消息，说 Y 爸爸打电话告诉现任老师，因我说他孩子智商有问题，他看着我就讨厌，所以，他们就休学了。他们带着孩子去了杭州、上海的医院，Y 智商没一点点问题。

天哪！怎有如此"暗箭伤人"的家长？想给自己孩子找一个休学借口，没必要建立在诽谤老师的基础上。想呵护自己孩子，需要借助这样的方式吗？

我自认教这孩子一个学期，没说过这孩子智商有问题之类的话。我为他付出了不少心血，没功劳也有苦劳，如此诋毁我，是什么意思？

幸亏我手机里还存着孩子爸爸的号码。我拨通了电话，简短聊天，谈及孩子近况，我切入了正题——我教孩子半年，对孩子，对父母，一直真心诚意，为何在现任老师面前如此说我呢？

孩子爸爸第一时间向我道歉！

他说，对于我，一直心存感谢！孩子后来考了 0 分，作为家长，总有一种担忧，害怕被老师、同学看不起，所以不顾一切休学了。

我理解孩子爸爸妈妈爱孩子的心，怕自己孩子受到伤害。作为家长，总有这样那样的担忧。但是，爱孩子就能损害别人名誉吗？

我对孩子爸爸说，敬请以后与别人交流时，能站在事实立场上，能站在公平的立场上，替我想一想。

胸口闷了很久。真的没想到，真心实意换来的却是背后捅一刀。

三

很多时候，我们对家长、对孩子的掏心掏肺，并没有换来真诚的对待。

我自以为一直以来很真诚对待 Z 家长，对她女儿更是掏心掏肺，创造一切机会去鼓励她，激励她。调皮、多动、成绩一般，这些确实是外在存在因素，作为老师，依然真诚对待这个孩子，不可能每一个孩子都出类拔萃。

让我郁闷的是，Z 家长每次有事与我交流，发信息的口气总是那么强势和盛气凌人。（或许是性格的缘故？总之，很令人受不了。）第一回发展新队员，学校只分配 20 个名额，这个孩子因成绩和纪律等颇多因素，没戴上红领巾，家长就气势汹汹地发信息质问我，凭什么她的孩子不能戴上红领巾？

孩子与同桌相处不太和谐。我某次与家长交流，暗示家长该引导自己的孩子，多注意人际交往，这也许比成绩更重要，人际交往是将来踏上社会的一种谋生技能。家长很强势地说了一些很不中听的话。

这回，因孩子之间调皮、吵闹导致小女孩被一男生用衣服甩了一下，说头痛。上医院去看了，没什么事情。我在班上了解真相，同学纷纷反映是小姑娘追那男生，导致男生用衣服抽了一下。无论谁追谁抽，小孩因不懂事导致事件发生，大家都有错。

孩子嘛，本来就是在错误中成长的，也没什么大不了的。再说，检查了，没事儿。男生女生我都批评了，让他们从这件事上吸取教训。

没想到，又收到了一条气势汹汹的信息："如果许老师认定是 Z 因追人而挨打活该，那我就找其家长把真相弄清楚。我以后有事就直接找家长，不通过班主任了，因为我不知道在联系本上怎样使您'心中有数'，显然许老师怪我多事多话，只要 X 妈妈一说就够了。"

我从没相信那男生妈妈的话，我了解真相时，问了班里看见的同学到底是怎么一回事。再说，我也从没认为女生被打活该，两方都教育批评了。

老师不是圣人，即便家长觉得事件处理得不好，完全可以与我心平气和地沟通，用这样训斥、质问的口气，真让人难以接受！

再说，我在家校联系本上，让家长具体写孩子在家的表现，根本与这件事没有任何关联。这段时间，为了让孩子变得优秀，我让家长写孩子在家的表现。可是这位家长只写个"好"与"认真"，很简略，我只是希望她写详细一些。

一看这硝烟味浓浓的信息，我连忙拨通电话，没想到，在电话中，这位家长更振振有词，说与戴红领巾事件一样，要影响孩子的一生了，全班孩子都看不起这个女生了……

哪有这么严重呢？在我班上，比这个女孩成绩差的大有人在，比她吵的男生、女生也大有人在，比她这件事更严重的也有。孩子嘛，总是在错误中成长，哪会影响孩子一生呢？

我听不下去了，真的没有办法忍耐下去了。我长舒了一口气，用低沉的声音告诉她："我们两个情绪都有问题，等我们两个情绪再缓一缓，再沟通，可以吗？"

挂掉了电话，我胸口如塞了一团棉花般难受。我理解家长的爱孩心切，但是，实在不理解家长与我交流时的强势态度。难道心平气和地好好沟通，不行吗？

……

做老师难，做班主任更难。许多时候，你真心诚意对待孩子和家长，也为之付出了许多的心血，可依然会有委屈、流泪、黯然神伤和无奈。

教育是一个服务项目，想要所有家长满意，许多时候，不是老师尽自己能力就可以达到的。当你面临着种种不堪，正被班主任各类杂事烦忧的时候，想想这一句话——谁的班主任生涯中，没有这么些狂轰滥炸，鸡飞狗跳呢？

亲爱的同行们，班主任的每一天，如履薄冰，战战兢兢。让我们一起互相勉励，共同修炼，一起前进吧！

接纳·悦纳·引导

——智慧班主任的全接纳教育

每一位孩子都是家庭的希望，都是校园里最重要的生命体，正在经历着生命成长的"黄金期"。孩子们的成长有规律，个体有很大的差异。我们每一位做班主任的，要无条件地接纳所有的孩子，接纳孩子的所有，悦纳孩子，再去慢慢地引导孩子。

在 31 年的班主任生涯中，我教过形形色色的孩子：考个位数的孩子、偷偷拿邻居钱的孩子，与社会不良青年交往过的孩子……

我始终坚守一颗初心，去接纳孩子。班里特殊、难搞的孩子，通常搞得班主任疲惫不堪。我们做班主任的首先要接纳孩子，无条件地悦纳孩子，以一颗慈悲心和同情心，去设想他是自己的孩子，自己是他的亲人，用将心比心的方法，去呵护孩子。

接纳所有的孩子。只要是按片划分的公办学校，一定有各种各样的学生。我曾在六所学校任职过，从最偏僻的村小到县城二流学校到县城最好生源的实验学校到省城学校，每带一个班，都会接触到各种各样的孩子，尤其是令我头疼不已的"问题孩子"。教育公平不仅在于国家的政令要求和资源的均衡配置，更在于教师们对孩子的态度：无论长得好看与不好看，无论是聪明伶俐还是暂时落后，无论他的父母身居要位还是来自普通家庭，无论他的父母财富赫赫还是家庭贫困……他们都有一个公平的身份，那就是我的学生，我要平等地接纳每一位孩子。

接纳孩子的所有。每个人的心理上和行为上都有一座冰山，我们所能看到的行为只是露出水平面的很小的部分，它背后潜藏的感受、期待、渴望……才是根基。在 31 年的班主任生涯当中，我与几百位孩子交朋友，我发现了接纳的神奇力量：面对犯了错误的孩子，接纳他的感受，而当感受被接纳的时候，孩子会自己调整行为中的不当之处，努力做得更好。接纳所有的感受，并非接纳了就任其发展，其精神实质是用理解走进学生的心灵，在接纳的基础上进行合理的慢慢引导。

引导就是明理导行，突显一个"慢"字，牵着一只蜗牛去散步，核心就是遵守生命规律。

一是尊重成长规律。教育就好像是一位农夫在侍弄庄稼，春种秋收要有一个过程，急不得。我曾经教过一个名叫小毛的孩子，来自外省贫困山区，她妈妈在农贸市场卖鸡，不认字，爸爸做点小生意，从小家庭教育背景比较差。一年级时有缘教到她，跳绳也不会跳，字也不会认，拼音也不认识，我几乎每天都给她补课，拉在身边教她，但她的进步微乎其微。每个孩子的花期不一样，我接纳了小毛暂时的落后，一遍一遍，一次一次，当她有点点微细的进步，就正儿八经地去表扬，去发喜报，去鼓励她，我告诉自己，慢慢来，不要急！看到孩子渐渐进步时，我由衷地为她高兴。悦纳她，慢慢去引导她。从一年级的第一次期中考试 38 分到四年级第二学期的 90 分，孩子一点一点被唤醒。有的时候，我们要等待一个孩子的成长，"不愤不启，不悱不发"就是一种等待，在等待教育的契机。听享受国务院政府特殊津贴的丁榕老师的讲座，深有感触。她说，每一个孩子都有闪光点。教孩子 3 年，要为孩子想 30 年。她给第一届美术班编的书，写序的就是当初的一个很不起眼的孩子，后来成了著名的作家。

一个接话茬特厉害的孩子，后来成了一位著名的婚礼主持人。她举了一个例子，我听了之后特别感慨和动容。有一年过年时，丁老师 30 年前教过的学生带着自己的孩子来看望她，丁老师教他时他 13 岁，现在 43 岁，整整 30 年都没有见面了。他现在是个人物了。他带着他的孩子，跪在了丁老师的面前，并对儿子说："没有丁老师，就没有你的老爸，快叫恩师奶奶。"之后，拿出了一支钢笔，送给了丁老师。丁老师讲述了他第一回捉小偷的经历。20世纪60年代，谁的班级丢了东西，那是很严重的事情。有一天，有一个孩子向她汇报，说自己带来的钢笔不见了。那时的钢笔还很珍贵。于是，她开始抓小偷，告诉学生，凡是在教室里的，人人都是嫌疑犯。看他们的表情，一个个都很无辜的样子，看不出来。她就先让学生搜她的身，然后，她再搜学生的身，结果，在一个瑟瑟发抖的孩子那里，找到了那支钢笔。接下来，她做了漂亮得不能再漂亮的俯地动作，一个捡的动作："瞧，你这孩子，以后少了东西可要好好找啊，这钢笔不是好好地在地上吗？"就这样，丁老师用她的爱心保护了一个孩子的自尊心。事情并没有到此为止，她又找这个孩子谈心，并把自己的钢笔送给了这个孩子，叮嘱他好好练书法。于是，30年后出现了跪地的一幕。丁老师真诚地感慨道："教育真的是百年树人啊！一位教师面对孩子的犯错，要有一颗同情、怜悯之心。"美国心理学家吉诺特说："我是一个教师，我有极大的力量能让孩子愉快或悲戚，我可以是制造痛苦的工具，也可以是启发灵感的媒介，我可以叫人开心，也可以叫人伤心。"一位教师站在工作岗位上，看待每一个孩子都要有"百年树人"的发展眼光。

二是尊重个体差异。孔子的"因材施教""有教无类""和而不同"的思想都表现出对生命差异性的承认和尊重。慢引导就是对生命温情地理解、真挚地同情、诚意地鼓励和恰当地提醒，用自己的爱心和耐心，选择更多的方法和策略，影响和引导孩子的成长，不急于求成，静等花开。

在某一年的暑假，我养了两个红薯，放在玻璃瓶中。一周后，其中一个红薯叶全都冒了出来，另一个红薯一点儿动静都没有。两周后，先冒叶的红薯长相茂盛，一副生命蓬勃的样子，另一个红薯还是没什么动静。一天天过去，依然是一方郁郁葱葱，另一方光秃秃。不知什么时候，不长叶的红薯开始冒出了点绿叶。一个半月后，神奇的事情出现了，原先长得旺盛的红薯已呈现颓势，而原本光秃秃的红薯仿佛一夜之间，红薯叶全都冒了出来，生命的旺盛展露无遗。而且，它旺盛的时间居然远远超越先冒叶的那个红薯。

生命真是神奇，从这两个红薯的成长上，我知道了，每个人的花期不一样。早开早慧未必好，迟开晚开未必不能抵达辉煌。我们要有耐心，悉心地去呵护和等待！

接纳所有的孩子，接纳孩子的所有；尊重每一个孩子，相信孩子今天的不足，不是他永远的不足；今天的他还不太好，不代表他永远不好；相信每个孩子都是好孩子，每一个孩子都充满了希望和力量。

尽管一地鸡毛，仍努力寻找班主任工作的诗意

鸡飞狗跳的一年级生活，来自开学两周后。第一周，来自不同幼儿园的孩子们，彼此陌生，相对安然无恙。渐渐熟悉，慢慢放飞，教育的一地鸡毛日渐飞扬。

初识班里小调皮蛋们的"厉害"，是在下课后的彻底放飞时刻，随意就地打滚，无论怎样做始业教育的引导，无论把文明玩耍的顺口溜念得多熟，只要班主任一转身，又如一条条欢蹦的鱼儿，在池塘中任意转圈。

小 H 在我班年龄最小，心智幼稚，是调皮蛋中的"种子选手"，不仅仅调皮，还有学习障碍症。上课时，注意力不集中，不会听课，与老师完全不在同一频道。每次作业，需要手把手帮扶，拉身边，慢慢教，我放慢脚步，他还是能学会点。如果仅仅只是学习方面后知后觉，对于一位经历过好几所不同生源学校的老班主任而言，见怪不怪。令我瞠目结舌的是在第一次语文单元调研发下卷子的那一刻，小 H 考了全班最低分 85 分。30 多个孩子喜滋滋地拿到了 100 分的考卷，喜笑颜开。小 H 拿到他那张考卷后，居然一把扔到了地上，用脚用力地踩，哇哇大哭："没考到 100 分，我不要了！"我顿时目瞪口呆。教书这么多年，带一年级已是第七次，这种情况我还真是第一回遇见。我赶紧安慰："没考到 100 分，没关系的！许老师又不批评你，我们继续努力，宝贝。"好说歹说，终于把这头发飙的小狮子劝住了。面对这样的孩子，首先要从心里接纳，再进行慢慢引导。只有真正地接纳、悦纳他的时候，才能放平心态，去慢慢引导他。

接下来的日子，我惊恐地发现，小 H 和小 Y 是我班两位超级"搞事专家"。小 Y 学习没问题，至少有一部分精力用在学习上，小 H 学习有

障碍，全身精力无处消耗，成了我班"头号杀手"。某天，我管好中饭，刚走上三楼，班里的孩子们齐刷刷向我奔来。从孩子们的七嘴八舌中我了解到，刚刚在楼梯口上演了一场"小 H 扔鞋"大戏。小 H 走到楼梯上突然脱下鞋子，使劲往半空中抛，鞋子扔在了楼梯上面一根悬空而架的横梁上。他急了，想跨越栏杆拿，正当危急的时刻，恰好别班老师看见，赶紧制止。倪校听闻消息，也火速赶来了。他请来了校工钟师傅，费了九牛二虎之力，终于拿下了鞋子。我问他为什么要扔鞋子，他告诉我觉得好玩。我与他分析了扔鞋的严重后果，他愣愣地站在一边。我吓得心脏都要出来了，万一这孩子爬到横梁上去拿，掉下来摔到自己，那可怎么办才好？

每一位任课老师都来告小 H 的状：上课随意走动，根本不听讲。我叮嘱老师们严格一点，控制他的率性行为。小 H 稳稳就座教室最前排的 C 位，不额外拉到身边补，他作业根本不会做。我与搭班的同事们会抽时间给他单独补课、讲作业。每一回给他补好课，终于让他完成了作业，我还拿出些美食给他吃，用一颗糖、一根山楂条、一盒酸奶等作为奖励，赔上我的笑脸，变着法儿哄着学。教育真的是一件不容易的事情，好似西天取经路上要历经九九八十一难。

当他做错事情，上课不听课，转来转去时，我会疾言厉色地批评他，但教育哪能总是批评？当他取得一点点进步，我会大肆表扬他，奖励他，令他感受到老师是爱他的，关心他的。

从第三单元开始，小 H 的语文成绩常常徘徊在及格边缘，甚至有时只有 40 多分。学习上的艰难爬坡以及他自身的脾气暴躁，导致他越来越边缘化。班里没有几个同学愿意与他做朋友，他如一颗孤独的星球，又如一只长满了刺的刺猬。我于心不忍，除了在学习上努力帮扶，同时加强与他爸爸的沟通。

特殊的孩子背后一定有一个特殊的家庭：他爸爸妈妈分开居住，妈妈带着妹妹在乡下，爸爸带着他在县城。好在爸爸对孩子比较上心。这到底是一个怎么样的家庭呢？

某个周日下午，依照与他爸爸的约定，我登门家访，与他爸爸、奶奶进行心与心的沟通，了解孩子在家的情况，与家长结成了教育的同盟军。他爸爸送我下楼时问："许老师，我家的孩子笨不笨？"我赶紧告诉他爸爸："不笨，很聪明的！只是年龄小、心智幼稚、起点低而已。"同时友善地提醒他爸爸，不能让妈妈在孩子的成长路上缺席，就算爸爸和奶奶再爱孩子，也无法替代妈妈的爱。唯有学校、家庭共同努力，孩子才能取得进步。

我努力调整心态，丢弃了那份抱怨，努力寻找孩子身上的优点，让他经常帮我做事，无限放大他的优点，夸奖他，让全班同学为他鼓掌，评他为进步之星……在他爸爸的支持下，孩子的学习一天天有了起色，与同学相处时比以前友善了，发脾气的次数不再如以前那般密集。我拿出一个本子，记录小 H 进步的点点滴滴。在我每天的班级工作记录本上，我设计了漂亮的封面——一朵朵含苞欲放的花朵，上面打印着这么几个字：尽管一地鸡毛，仍努力寻找班级管理的一份诗意。

投之以李，报之以桃。有一天，他送了我一个橘子。"是你自己想出来的还是爸爸想出来的呢？"我问孩子。"是我自己想出来的，我自己要来给你吃的。"太意外和开心了。我给了他一个大大的拥抱，四处寻找，发现了桌子上的一盒酸奶："来，交换礼物，你送许老师一个橘子，我送你一盒酸奶！我们是好朋友哦！"孩子甜甜地笑了。

愁也一天，烦也一天，我们应当沉下心来，全接纳，尝试以一颗父母之心去爱孩子。

调研成绩揭晓，小 H 三门功课皆 80 分以上。与同学比，远远不够，但他已经做了最好的自己。他爸爸在钉钉留言："这一学期真的辛苦许老师，还有其他老师们，给您添了不少麻烦。感谢您的教导。"

特殊孩子的存在，给班级管理带来了一地鸡毛。责怪能解决问题吗？抱怨能让这个特殊孩子不在你班上吗？一切都于事无补。那就放平心态，多一点包容，多一些耐心，多一些努力，多一点发现，多一份等待，多一些引导，牵一只蜗牛慢慢走，抬头望望蓝天，闻闻花香，努力寻找教育生活的一份诗意，在不经意之间，孩子就慢慢进步了。

"魅力舞台"让学生日益自信

新搬的教室充满了现代气息——后墙壁中间是深绿的磁性小黑板，两边各有一米见方的可随意张贴的小园地，如萧红笔下那个令人心旷神怡的小院子般，可随意地播种、施肥和灌溉了。我兴奋异常。那不是可以开辟出一块基地来让孩子们展露身手吗？

学习，不只是那一个个红艳艳的分数。作为班主任，我更喜欢鼓励孩子们学有所长，更喜欢无限制地放大成绩背后那一个个细微的特长：潇洒俊逸的书法，惟妙惟肖的画画，栩栩如生的十字绣……竭力地让每一个孩子尽可能地展现光芒，成为美好事物的中心，是我孜孜不倦的追求。

灵感来了。

我为红苹果班的孩子们在后墙壁靠窗的那块园地里开辟了一个名为"魅力舞台"的专栏——上面张贴的可以是美术作品、手工作品、作文、小报、小制作等。每一期只展示一个孩子的作品，还正儿八经地要这孩子为自己制作一张宣传海报，上面有自己的美照，有自己爱好、特长的介绍。

我美其名曰，为其举办个人展。

我在教室里向孩子们作了热情的动员报告，在校信通上向家长们发出了热烈的呼吁。哗啦啦，居然收到了20多个孩子的积极报名，甚至还有多位家长来电咨询如何操作。

良好的开端是成功的一半。我，喜上眉梢。

经过反复侦查、研究和证实，首先登上"魅力舞台"的是名叫小煜的孩子。这是一个学习成绩中等，但对美术尤有感觉的女孩。从一年级开始，她就参加了校美术兴趣小组。指导老师多次告诉我，孩子认真，但创新能力匮乏，后劲不足，校美术兴趣小组不把她当作一流苗子来培养。

小煜在学习方面一直不能有所突破，尽管她那么努力，那么用心，成绩始终徘徊在中游。随着年级增高，她凭靠努力得来的分数似乎越来越不尽如人意。推动一个孩子前进最好的动力，就是在学习方面取得好成绩。愁云悄悄爬上了孩子的眉宇。

我看在眼里，急在心里。如何让孩子找到自信和动力呢？她在美术方面比一般的孩子强，我想，这就是属于她的天赋。那就从她的长处入手吧。

我多次找到孩子妈妈，夸奖孩子的美术长处，建议孩子妈妈能让她报名参加校外的美术班以强化她的长处。这对经济富裕的她家来说，完全有能力承受。

她妈妈心动了，带她参加了县城最好的美术培训班，每周一次专业系列美术训练。她既有校美术兴趣小组的熏陶，又有校外美术培训班的加持，双重的专业训练，使得她在美术方面脱颖而出，她的作品越来越精致，越来越大气……

她找到了自信，找到了属于她的魅力绽放的独特舞台。

自然而然，她成了红苹果班"魅力舞台"的首期魅力之星。专栏上面布满了她那精巧的手工作品，精致的画作……每天下课后，许多孩子在这里流连、赞叹。

这一刻，她成了美好事物的中心。她，笑了。

偶然间，我从小纯妈妈的口中知道了小纯的十字绣绣得很棒！我与小纯约定，她绣满六幅作品，就给她开设"魅力舞台"。我把小纯绣十字绣的照片、她的宣传海报张贴在"魅力舞台"上，把她的六幅十字绣作品进行了简单的装裱，从美术老师那里借来了架子，把她的十字绣作品放在教室的走廊上供同学们参观。一下课，自己班的、隔壁班的同学围在前面驻足观看，小纯喜上眉梢。我以十字绣带动了孩子学习方面的进步。

写作好的，给他开设习作专栏；擅长手工的，给他进行手工作品展览；喜欢乐高的，让他把乐高作品带来，放在教室柜子上展览一周；擅长乐器的，用一节课时间为他举办音乐会……

给孩子们搭建一个舞台，无限地放大他们的爱好和优点，让每一个孩子焕发自信，只要班主任不断地去搭建"魅力舞台"，孩子们的魅力就会如光芒一般放射。

步步为营，从心出发

CBK，男，10岁，1岁多时父母离异，爸爸在孩子上幼儿园的时候来看望过，现在音讯全无，妈妈为一所乡镇中心校的中学教师，之前与妈妈、奶奶、姑姑四人住一起。因嫁到金华的姑姑生小孩了，奶奶去金华了，暂时只与妈妈一起住。因孩子的特殊情况，奶奶、姑姑等亲人分外溺爱。

我与504班孩子见面的第一天，就发现CBK是个话痨，几乎是老师说一句，他就在下面接一句，无所顾忌。写作业时要先唠叨几句，听课时要先唠叨几句，说得肆无忌惮，说得自然而然，说得见怪不怪，令听者心烦意乱。

后来我观察到，他除了废话多，还不能安静地午睡，身子扭动个不停，即便让他坐在我睡觉的躺椅边，依然动个不停，哪怕盯着他看，他依然无所顾忌，简直刀枪不入。

我实在扛不住了，只好与他妈妈联系，了解孩子的家庭背景，这才知在孩子1岁多时父母离异了。

顿时，我对孩子妈妈溢满了怜爱，同为教师的她平时工作那么繁忙，独自一人抚养孩子多么不容易，此中艰辛只有自己能体会，外人无法理解。我和老公两人一起抚养儿子，觉得异常艰辛艰难，何况独自一人养育？

我内心暗暗决定：我一定要尽自己最大的能力，去帮助这个睿智可爱只是精神上暂时缺钙的孩子，帮助这位颇不容易的妈妈，让她体验到孩子蜕变带来的欣慰和喜悦。

我从妈妈口中得知，从幼儿园开始CBK就没有午睡的习惯。依据我的教育经验，但凡在幼儿园时不能好好午睡的孩子，上学时大多会成为老师头疼的"问题孩子"。CBK四门功课的总分全班第二，但在校表现实在不敢恭维，几乎天天不午睡，他因好动被管理小干部记录在案。谈话，没用。劝导，没用。孩子很诚实，告诉我，让他睡觉，他睡不着，做不到。

　　至少要做到在课堂上不说废话吧，我谆谆善诱，好好劝告他在课堂上随意说话会妨碍老师讲课，但丝毫不起作用。

　　经过上门家访，与家长反复电话沟通，与孩子数次单独谈话，我发现了CBK身上存在的一些主要心理问题：

　　1. 师道威信的缺失，造成孩子的肆无顾忌

　　这孩子挑战为师者的威信，他见了老师没有一般孩子所具备的尊重、畏惧、权威的心理。一般的批评、谈话谈心、找家长等普通老师的"程咬金的三板斧"对这个孩子丝毫起不了什么作用。

　　工作繁忙的妈妈，因有的时候心情不是很好，会莫名发一些脾气，事后，又觉得亏欠孩子，觉得对不起孩子，就向他道歉，再加奶奶、姑姑分外溺爱，造成孩子平素在家唯我独尊、百毒不侵的特点。

　　故，他在课堂上肆无忌惮地说话，在他的心底，其实根本就不把老师放在眼中。

　　2. 爸爸在他家庭中的缺失，造成孩子精神上缺钙

　　爸爸这个角色对每一个孩子的成长，都有着举足轻重的地位，面对这样一位不负责任的爸爸的离开，妈妈心中充满了怨气。从没尝到过父爱滋味的孩子，分外渴求并羡慕爸爸的爱，造成了他内心比一般孩子更孤独。他通过不停地说话，甚至与老师唱反调，来获取一些宣泄感和平衡感。

　　3. 正面评价的稀缺，造成孩子精神的荒芜

　　这样的一个孩子，的确很难能引起老师的好感。她妈妈曾向我反映：某日，某老师曾当着孩子的面给妈妈打电话说"您的孩子我管不了了"。

这句话让妈妈耿耿于怀直到现在。

这孩子，因他调皮、自由散漫的个性，老师们自然对他缺乏正面评价。这么爱说话，其实是他自信心不足的一种表现，他企图以多说话来引起老师和同学的关注，甚至喜欢看老师对他勃然大怒，这样好引起全班同学的注意。

了解 CBK 的症结所在，我就开始对症下药了，让他感受温暖，感受到班级同学尤其是班主任的关爱。

1. 必要惩戒，让他明白有集体的约束

第二周的某一日，班里部分孩子还不能自主管理午睡，我发狠了：谁被记录在案，谁就在放学后在教室补睡半小时，以做惩戒。凡事都得有一个担当，违反了规则，你就必须担当后果。这也是人生的一个规则。班级就是一个社会，在班级里，在集体中，有集体的规则和约束，不是为所欲为的地方。

好在我们的家长全都支持。我在校信通上向家长通报补睡的名单，自然而然，CBK 在上面。留下来的孩子开始睡觉了，头靠在桌子上，睡着，睡着……

大多数被留的孩子，只睡了十多分钟，我就放行让他们回家了，只是小小惩戒了一下。

CBK 被我留到了最后。我真的很不忍心，这孩子是独自乘公交车回家，看着别的孩子都是家长开开心心地来接，我的恻隐之心在打鼓。但我告诉自己，没有阵痛，将换不来孩子的崭新面貌。这是他第一次尝到了除了批评外，实打实的惩戒，让他尝试到了身处一个集体，不遵守集体纪律该承担的后果。

2. 消除敌意，让他明白老师是在真诚地帮助他

我把他叫到了身边，开始谈话："CBK，许老师真的很喜欢你，把你当作自己的儿子一般看待，我今天留下你睡觉到最后一个，不是看不起你，而是想帮助你。你知道吗，许老师就是想帮助你！因为，你是一块金子，一块蒙了灰尘的金子，灰尘把你身上的亮光全遮住了。"（我一字

一顿地告诉他）

听到"金子"这两个字时，突然，他的眼眶里溢满了泪珠，大颗大颗的泪珠顺着脸颊往下淌。我捧起他的小脸，帮他轻轻地擦拭泪水，继续告诉他："你身上有70%的优点，比如聪明、头脑灵活、思维敏捷、愿意为班做事等。你只有30%的缺点——爱说废话和不能安静地午睡。这两个缺点导致你这块金子蒙上了许多灰尘，让大家看不到你的光芒。我们就先从第一个缺点——不能安静地午睡开始改起吧。我知道你从小没午睡的习惯，睡不着，那许老师先给你一个午睡的底线吧——你可以看书，可以睡觉，但绝对不能发出声音和动来动去，干扰其他同学午睡，你能答应吗？人之所以为人，是因为人是一种具有自我控制能力的高级动物，这也是人超越动物的地方。"

孩子点着头告诉我："可以做到。"我与他勾了手指，以做约定。

那天以后，每当午睡铃声响起时，他就捧起了一本书，安静地坐在自己座位上阅读，没有影响其他同学午睡。

我看在眼里，喜在心里。

3. 借助喜报，让他尝试到挑战自我后的愉悦

这孩子有药可救，我对CBK充满了信心。尽管他依然时不时说废话，依然做作业马马虎虎，但整个人静了许多。

他喜欢站在我身边，与我聊天。我反复提醒他："你是一块金子，是金子，一定要让它发光。"

午睡方面，他坚持了两个星期，虽说某些方面依然不敢恭维，每天的纪律反馈短信中常会出现他的名字，但积郁多年的"陋习"哪能想改就改？我深谙此理。

先从午睡找突破口吧，针对午睡有进步，我给他妈妈发喜报，并在喜报的背后写了这样一封信：

BK：

你在午睡方面做到了对我的承诺，坚持不出声，不影响同学，你已

改掉 15% 的缺点了，还剩下 15% 的缺点（爱说废话）。我相信，通过你的努力，一定会把剩下的 15% 的缺点改正过来。

我等着你！热切地期待着你！

你是一块金子，我等着你闪闪发光的那一刻！

许丹红

拿到喜报，孩子表现得很淡定，似乎有点宠辱不惊，只是悄悄抿嘴一笑。

我知道，其实，这样的鼓励，已在孩子心田播下战胜自我后的喜悦以及被肯定的成就感和幸福感。

第二天，我看到家校本上孩子妈妈的留言——这张喜报，带来了许多欣慰。妈妈把这张喜报放在孩子的书桌前，让孩子每天拿出来读读，看看，以此来激励孩子更好地前进。

4. 引导无痕，让孩子明白说废话不为人喜

针对班里孩子普遍爱说小话的毛病，我没有批评，而是告诉孩子们，谁爱说不该说的话，谁就得"鹦鹉奖"。自然而然，在我数次善意地点名提醒后，这位废话王登上了"鹦鹉奖"的宝座。我把"鹦鹉奖"这三个字工工整整在黑板上呈现了三天，以示警告。从那以后，在说废话方面 CBK 明显收敛了许多。虽然还是有说废话，我知道，许多时候他并非故意捣乱，只是因多年留下来的习惯，他不能自控。

某日，我在黑板上写下了"知了""马"，问孩子们："你喜欢哪一种动物？"

百分之百的孩子都选择了马。

为什么？有同学说："马奔跑起来很快。"有同学说："知了叫起来很烦躁。"

我告诉孩子们："马是用脚来说话，脚踏实地地走好每一步路，所以赢得了人们的喜欢。知了是用嘴来说话的，所以人们觉得烦躁。你选择做马还是做知了呢？"

听到我这么说，CBK 的眼睛里瞬即闪过一道恍然大悟的火花，虽然是一瞬间的事情，但被具有职业敏感的我明显感觉到了。

自此，爱说话的他在某日与我闲聊时轻轻告诉我，从没想过在不该说的地方说话，会如知了一般讨人烦呢。

5. 帮着做事，让他找到班级的归属感

我找他谈话，找他妈妈谈话，让他参与男生班干部的竞选，他选了参与小队长一职的竞选，在我的鼓动之下，他得到了班里同学的支持。第一次，在五年级的时候，他的手臂上戴上了一道杠。

平时，我经常让他帮助我做事，为班级做事，让他在为班级、为同学、为老师服务的过程中体会自身的价值、精神的丰盈和充实，让他越来越自信、心情越来越愉悦，不再从说废话中、从与老师唱反调中体验快乐。

6. 反复谈心，让他明白爸爸不在身边并没什么

我时常会与他谈心和聊天，看似漫不经心的聊天，却无意中拉近了我与他之间的心理距离。我会很随意地问他："爸爸有没有来看你啊？你知道你爸爸的样子吗？"同时，我也通过具体的事例告诉他，暂时没有爸爸，没什么的，许多优秀的孩子，以及他所崇拜的明星等，全都是单亲家庭里面出来的，世界上还有许多比他更可怜的孩子。

有的时候，我会笑着问他："有没有让妈妈再找一位男朋友啊？"他笑着告诉我："说过了。"

课余饭后，只要我一坐到教室里的工作桌前批作业，他就会主动过来帮我捶背，有的时候摸摸我的头发，一种很喜欢我的感觉，我们之间建立了妈妈与儿子般的亲密关系。

现在的 CBK，已逐渐归融于集体，不再特立独行，不再与集体格格不入，上课时整个人积极乐观，能安静认真地听老师讲课，故意说话、故意抬杠的次数明显比以前少了，其他任课老师的反馈也较理想。

我采取移情换位的方式，以"我来帮助你"为切入点，消除孩子对老师的那种戒备之心，利用喜报、让孩子帮忙做事等手段，来建立孩子

的自信心，让他看到自己前进的希望，让他找到身处一个集体的归属感和兴奋感，并及时与家长沟通，让家长在家中控制脾气，多鼓励孩子，多发现孩子的优点。

如此家校配合，如此步步为营，从心出发，真诚帮助，一块原本蒙了灰尘的金子开始在班级里熠熠发光。

融入情感的惜别礼

　　教育的人生就是不断奔驰的列车，我们不断地上车、下车，奔赴下一站。要去别的学校任教了，要离开孩子们了，要离开眼前这一群我精心浇灌了四年的孩子们了，我该挥一挥衣袖不带走一片云彩吗？我该庆幸自己终于离开这一拨考验了我很久的孩子们吗？

　　该送点什么有纪念意义的礼物给他们呢？思来想去，还是决定送每一个孩子一张我与之合影的照片。

　　最后一天数学考试结束后，由可爱的胡蝶摄影，三五成群，众孩子与我合影留念。然后，我上网与嘉兴的冲印店谈好价钱，发了过去，印了50张照片。

　　拿到这50张色彩明丽的照片，看着照片上一个个或可爱、或调皮、或帅气的我的有缘人，我内心一阵阵感动。四年，让这些曾经懵懂无知的孩子变成了富有青春气息的男孩、女孩。

　　仅仅送一张照片吗？若礼物不能融入送礼人的情感，那礼物本身的意义便没多大，宛如一副躯壳缺少灵魂一般。

　　终于，我拿起了笔，在一张又一张照片的背面，给每一个孩子写了一句包含着我四年来对他的了解、对他的希冀、对他的期望的话语。要知道，这并不是一个小工程，这是类似于写评语一般复杂的工程，等同于我又重新写一次评语。但是，我觉得有意思、有价值。故，我愿意去做。

　　整整两个下午的休息时间，我都花在这样的工程上。写好一张，把照片背面朝上，等黑色水笔的笔迹干了，我才小心翼翼地把它翻过来，放在一边。

高鑫、赵成俊、庄校晴、吴子涵、陈思豪、杨嘉德、钱怡笑……每每出现一个名字，我的脑海都会瞬间出现这个孩子的可爱脸庞，以及四年来我与之相处的点点滴滴。带着对他的美好希冀，我提了笔，写下了或祝福或希冀或循循善诱或谆谆教诲的话语，那一刻，我与这个孩子的精神相遇了。

亲爱的胡蝶，你是一只翩翩起舞的小蝴蝶，四年级来，你用你的勤奋，你的刻苦，你的踏实，你的向上，为我们展示了一个美好的世界，我为你骄傲！

亲爱的子涵，你是一个温柔、善良、美丽的女孩，喜欢听你朗读课文时美美的声音，喜欢看你不断挑战自我的奋进，愿你有一个美好灿烂的明天……

50张照片，50个孩子，一张又一张，一个又一个，我寄予希望，给予鼓励。

这样的班主任工作，融入了自己的情感，故，分外美好，幸福的感觉不知不觉荡漾。做班主任工作，只有自己融入进去的时候，投入情感的时候，才能体验到这份工作的意义。

最后一天，休业式。我与孩子们分享了期末考试成绩优秀的喜悦，分享了四年来我们第一次在语文学科上站到了最高的领奖台，从一年级第一次期中考试年级最后一名，到现如今的年级第一名，那一步一步往上攀登的艰难以及登上山顶的成功感，让我们分外珍惜和开心。

每一个孩子都喜滋滋地拿到了奖状，有的孩子还拿到了三四张奖状。学习黑马奖、贡献奖、学习积极分子、优秀学生干部、星级少年……各种项目的奖状让孩子们喜笑颜开。

要分别了，愁云凝聚在我们师生的脸上。我告诉孩子们，无论哪位老师来教红苹果班，别忘了我们的红苹果精神——做最好的我！

我告诉孩子们："我给你们准备了一份礼物，那就是给你们送一张照片。"我拿出照片，用双手一张张递给孩子。孩子一个个轻轻上来用双手恭恭敬敬地接过去。看着与我的合影，看着我留在上面的话，孩子们似喜又悲，满怀惆怅，带着那么一丝不舍，默默地看着，看着。

　　最后一次，我们全体起立，一起唱我们的班歌《快乐的红苹果》：

　　我们是红艳艳的苹果，甜美的微笑为班级增添童年的哨音，在老师的努力下，我们一起进步，我们一起成长，啦啦啦啦，我们是快乐的红苹果，快乐成长的红苹果……

分层励志，让每一个孩子找到班级存在感

第斯多惠说，教学的艺术不在于传授，而在于激励、唤醒和鼓舞。教育就是唤醒学生内心积极向上的一份愿望，内心涌动着充满力量的源泉，激励他前进。在一个班级中，班干部本身的认知思维和年龄特征是学生们的代表，他们是从学生群体中走出来的，往往管理能力强、自我管理意识强。班干部在执行日常任务的过程中，支持班主任承担相关管理任务，但往往存在管理方法单一、恃才傲物、优越感爆棚等问题。从教育层面来看，班主任喜欢给优等生更多表现机会，也总是留更多的时间来应付弱势生给班级带来的负面影响，中等生在班级中属于容易被同学和老师忽视的群体，他们的成绩虽然也有波动，甚至有时候是不小的波动，却常常被认为是偶尔的灵光一现或考试失常，没有被重视。这样的学生从心理上来说是孤独的，他们更加渴望得到重视。不断经历的各种考试，不断发生的各种偏差行为，不断削减弱势学生的上进心，他们往往得不到根本的关心和重视，也经常会遭遇来自家长、教师的批评，他们不断被边缘化，人格不断被弱化，变成不思进取、不懂创新的一个群体。他们自我评价普遍比较低，这种对自己不正确的评价束缚了学生自身的发展。

鉴于以上原因，在班集体建设中，给优秀的学生建设班级核心团队，给中等的学生安设专任团队，给弱势学生随设助手岗位，通过三级生长式团队建设，分层励志，让每一个学生处身于集体中，能找到事做，在班级有一种被重视、被需要的满足感，进而找到属于他的班级存在感，推动班集体的良性发展。

建设核心团队，让优秀学生找到自我生长的先锋感

要想一个班级获得持续性生长，保持蓬勃向上的生长姿态，须建设一支优良班干部队伍，发挥其先锋带头作用，这样才能拥有良好的班级根据地。班干部是班主任在班级管理过程中的得力助手，拥有一个好的班级班务执行团队，才能帮助班主任管理班级的各项事务，取得良好的管理效果。正视和重视对班干部的培养与选拔，促使他们在当前的班级管理工作中表现出高度的责任感和使命感，促进全班向心性和凝聚力的不断提高，促进学生更好地发展和学习，达到最佳的班级管理效果。

1. 合理构建监督机制

由于小学生的年龄特点、相对不成熟、自我约束能力较弱，部分班级干部以官赋权，对己自由。应给予全班学生合理的监督和报告权，定期进行民主评价并给核心管理团队打分。建立相关监督机制，一月一评价，过半数人支持方能继任，引导他们全力为学生服务，有效构建科学的管理体制。合理的监督机制，让班干部更加完善自我，推动班干部队伍的稳步发展，对他们有一个约束和调节作用，有利于班干部队伍的规范性和不断优化。

2. 充分注重合理指导

班主任结合学生的年龄特点，多渠道召开班委工作指导会议，充分提高班委管理水平。没有一个孩子一当上班干部就会管理，需要老师合理指导，分析总结，全面提升班级管理水平。例如，选定班干部后，出台每位班干部所从事的事项和服务专任书，指导班干部合理规划，指导他们每天组织各项班级事务，引导他们合理分配任务。在定期开展班委活动的过程中，相互学习，学习如何配合，分享总结经验。在不断锻炼中，班干部日渐走向成熟，解决问题的能力和组织能力得到提升。

3. 积极强化有序管理

班主任需努力平衡资源，激发核心班委成员的积极性和责任感，着

力创新工作理念，为学生将来的发展打好基础。班主任可以通过核心班委的力量，及时了解学生的真实情况。在日常课堂学习过程中，确保分好工的班委及时关注每个学生在课堂上的实际情况，在部分学生遇到问题或困难时及时反馈给班主任，并报告每个学生的实际情况，与不同学科的教师通力合作，共同制定适合学生发展的教学法，并在日常课堂管理中关注这些学生。

一级团队建设——班干部的培养，不可仅凭班干部的成绩评定其工作能力的高低，应注重全面性。当班干部具有了良好的思想品德，才能具有强烈的责任心和集体荣誉感，带领班级走上正确的可持续性生长的大方向。而建设一级班干部团队自我生长的先锋感，让优秀的学生更加优秀，是班级生长的源头活水。

安设专任团队，让中等学生找到自我生长的张力感

中等生队伍是否稳定，学习成绩是否能有突破，对班级的发展具有举足轻重的作用。一般情况下，中等生游离在班级管理之外，在同学群体中不张扬，学业处于中游，比较省心，容易受到班主任和同学的忽略，在班级的存在感低于一级核心团队成员和三级弱势学生成员。

1.单独谈心发现自我

相对于优秀生和学困生来说，中等学生有着更好的培养空间，中等学生更需要指导。中等学生在学校的受重视程度相比优等生和弱势生来说都远远不够，比如上课时发言的机会，在中等学生不太积极争取的情况下，一般老师不是把机会留给优等生，就是把它用在提醒学困生上了。让中等学生走出原来不上不下的尴尬境地，就需要给他们一些小小的暗示，多给中等学生一些单独谈心的机会，有意识地在谈话中提出他们的优点，并善意告诉他们有什么天赋，让他们怀着冲击优等生的心理投入学习，他们就会真正发现自己。

2. 赋予重任服务班级

中等学生游离在管理班级外围，上有一级核心团队在协助班主任管理班级。把若干班级事务，如分发班级报刊、装水、教室拖地等，冠以一个美好的名称，如邮电局、水务局、拖地天团等，鼓励中等学生参加，赋予中等学生重任，精选队长，促其带领队员为班级服务。如竞选一级团队落选强同学，学习中等略上，精力旺盛，对纪律略有杀伤力。自他担任班级分发班刊的"邮电局局长"，每天中午带领队员分发班刊，找到了自信，进而带动了他学习方面的发展。

3. 当众表扬鼓励促进

中等学生领衔专任团队，翘起班级服务的支点，鼓励和表扬须经常当众进行。多给他们鼓励的话语、表扬的话语，比如给专任团队成员拍合影，发奖状，奖小礼品，经常表扬他们默默做事……安设专任岗位，发扬了中等学生的主人翁精神，这样可以给他们前进的张力，打破中等学生原来学习积极性不高、班级存在感不强的外表特征，同时解放了班主任，让班主任从繁忙的班级事务中成功脱身，成为背后观赏风景的那位智者。

随设助手团队，让弱势学生找到自我生长的昂扬感

班级弱势生是指在班级场域内，需要外部支持与援助的学生。他们在班级整体人员结构中，争取资源的机会、拥有的资源数量、地位及声望高低处于平均水平以下，主要表现为学业成绩差、行为较有偏差、心理上畏缩、人际关系紧张有冲突、管理权力被剥夺、内心自卑、身份向上流动无望等。每个孩子都很重要，关注学生弱势群体是实现教育均衡发展的重要举措。

1. 平等看待主动走近

班主任要发自内心地不把弱势生当作拖班级后腿的累赘，平等看待

弱势生与普通学生，不用负面的话去评价他们。要争创机会，多和他们沟通，了解他们在想什么、要做什么，主动走近弱势生，帮助解决困扰他们的问题，尊重他们解决问题的方式，宽容他们，要学会接纳一些无伤大雅的小错误。积极建设和谐的师生关系，对弱势生的转化工作十分重要。

2. 激发兴趣多样教学

兴趣才是最好的老师，面对弱势生，首先要做的是激发他们的学习兴趣。教师可以采用多样化的教学方式吸引弱势生的注意力，根据弱势生的年龄、心理特点选择具体教学方式，如情境表演、游戏或操作练习，引导他们积极参与课堂教学活动。积极运用亲自参与、身临其境的教学方式，以此激发弱势生的学习兴趣，让他们感受到学习的乐趣。

3. 放大优点随设岗位

班主任可以借助疏导和教育的方式，帮助弱势生重塑对知识的渴望，树立迎难而上的勇气。为他们的每一点变化加油打气！为他们的每一点进步而喝彩！监督和帮助他们约束自己的行为，细数并无限放大他们的优点，因行为进步或学习上的好表现，让他们当上各类助手，在早读、卫生、课代表、收取本子等各个方面，协助一级核心团队人员，打个帮手，以此融进集体，看到自己的成长，唤醒自己的信心，看到自己前进的希望，在为班级服务中找到被老师和同学认可的那份昂扬感。

苏霍姆林斯基说，每一个学生内心深处都有做好孩子的愿望。无论优秀还是平庸，每一个学生都有在班级存在的理由。三级自我生长式团队建设，从核心团队到专任团队到助手团队，分层激励，找准方向，看见了每一个学生，让每一个学生适切发展，从而更好地推动班集体的发展。

第 四 辑

寻找特别班级的突破口，绝地突围

"炸油锅"班的突破口：调动男生积极性

31 年的班主任历程，我以一颗感恩的心，铭谢一个个所谓的特别班级给我的头脑以砥砺，努力去寻找班级突破口，围绕这个突破口有的放矢，进行一系列有规划、有预设、有预谋的精雕细琢的打造，不断跋涉，不断研究，不断实践，不断摸索，不断反思，沉醉其中，感受班级翻天覆地的变化，品味为人师的幸福，让自己平淡的教育日子散发清香之余，促进班主任专业水平的快速提高。

从最原始的村小到悠闲的乡中心小学再到喧嚣的市属小学、实验小学、杭城小学，31 年班主任历程的风风雨雨，我尝遍了为人师的酸、甜、苦、辣，一路跋涉，一路前进，见识了形形色色的孩子，接手了各具特色的班级：时而如饮甘甜的佳酿，余香缭绕；时而如咀嚼一颗青涩的橄榄，酸涩无奈；时而如拾拣一地凌乱的鸡毛，手忙脚乱……

静静地回眸过往教育岁月沉淀下来值得珍藏的，促进我专业成长并称之为拐点的，能冠之以收获的，莫过于在教育旅程上与一个个所谓的特别班级进行砥砺交锋，找寻突破口，深入研究并努力去转化这些班级的艰辛过程，以及因此带给我的一次次为人师的高峰体验。

李镇西老师在《做最好的班主任》中说，接手一个"差班"，把它当作课题研究，你得到的收获远比你的付出多。

我恍然大悟，那么多年我所做的，不正是在把弱势班级当作课题研究吗？

在乡中心小学任教时，某一个四年级班有一个盗窃团伙，班里有 20 个孩子有不同程度的盗窃行为。某次，在团伙头儿小蔡同学的带领下，

20个男生袭击与学校相邻的幼儿园，拿幼儿园的玩具，并把所有小被子丢到厕所，情节恶劣。

看到局面难以掌控，班级凌乱不堪，校级领导班子果敢决定五年级时拆开打乱、重新分班。传言与黑社会有交往史的捣蛋之首小蔡同学全校闻名。某天，他坐在栏杆上，隔壁有一位资深的班主任劝说了一句，他居然怒吼："要你管呀！"没有一位老师敢接他所在的班级。我被校长委以重任，没有一句推辞，在微笑中接过小蔡所在的一班。无巧不成书，来自某村小的大名鼎鼎的神偷小金也在班里。小蔡、小金，以及一大批调皮男生所在的五年级一班，令一位位前来任教的老师闻风丧胆：课余搂抱女生的现象屡见不鲜；大批孩子不做作业；男生们集体罢体育课，原因是觉得体育老师上课时处理不公平；小金同学偷了邻居二千多元钱，邻居找到了我这个班主任；小蔡同学夜不归宿，与年轻的体育老师闹僵后扬言"有本事我们去某镇打架"……如此一个"炸油锅"班，考验着我这个尚且年轻的班主任。

年轻的我，在领导的信任之下，微笑着担任了这个班的班主任，就意味着挑战，意味着我需要付出，以及与孩子们之间风云对决。我丢弃抱怨，让牢骚靠边，拍拍身上的灰尘，振作疲惫的精神，静下心来，抱着"拨开迷雾见日光"的信念，进行了一系列的打造工程。

我先诊断整个班级的班风，初步定义为：浮躁喧哗，缺少男生的领头雁。我睁开火眼金睛，泱泱48个孩子的大班，找不出一个像样的男生能作为榜样。我开始定位，把调动男生的积极性当作管理班级的突破口，边研究边摸索边实践，用办法总比困难多来不断勉励自己，采取了一个又一个有效举措。

1. 搭建舞台，激励男生

（1）建立双班委制度。

为了搭建众男生施展才华的舞台，我独辟蹊径，在班里建立了双班委制度，男、女生各一套班子，分周轮流管理。这样，一大批原本无所事事的男生当上了班干部、组长，并适时开展评最称职的男生班干部、最有进步的男生等活动，让调皮的男生们积极参与班级管理，与自己的缺点做斗争，与自己的不足为敌，激发了他们的自信，调动了他们的兴趣，培养了他们的集体荣誉感，发扬了他们的主人翁精神，取得了事半功倍的效果。

让男生们力所能及地参与班级管理制度的制定和管理活动，实质上就是一种激励过程。男生们通过自我管理制度的制定，激发了自我教育的积极性，促使他们律人律己，克己之短，不断矫正自身的不良行为。

(2) 进行男女生对垒比赛。

面对一群品学兼优的女生，男生们看不见自己的优势，自卑感油然而生。为了树立男生们的信心，我多次给全体男生单独开会，做好宣传发动工作。一石激起千层浪，男生们意气风发，各自挑选了一个想要追赶的女生为对象，发出了一封封挑战书。女生们在对他们刮目相看的同时，不得不加快自己的脚步。男女生的对垒比赛，让教室后面的评比栏动了起来。每周一检测是否挑战成功，若成功，就得到我所奖励的一朵小红花，上面写着"阳光男孩"，四朵可换取"阳光王子"的称号。

评比栏把整个集体带入了一个比学赶帮的热烈竞争氛围，男生们有了竞争的目标，办事开始充满激情，变得生龙活虎，富有生机。

(3) 创设"真男子汉榜"，向家长报喜。

为了培养众男生们的自信心，我在班里专门为男生建立了一个"真男子汉榜"。每周围绕行为规范逐项内容进行比赛，积分达到一定分数的男生可上此榜，连续四次，可获取一份阳光喜报，通报家长，让男生的家长一起分享孩子成长的快乐。

这一举措，家长们好评如潮。好多家长反映，男孩在家学习主动了，各方面有了很大的改观。这样一来，一批平常吵闹成性的男孩，看到了自我存在的价值，有了巨大的变化。

2. 斗智斗勇，个别突破

当整个班级大部分男生在这些策略的唤醒和支持下，安静上进了，我赶紧建立一块安静、上进的根据地，然后，我所重点做的，就是与重量级的"问题男生"斗智斗勇，进行个别突破。

（1）小蔡，在不断驯养中甘心做我的粉丝。

擒贼先擒王。征服小蔡，是一条漫漫的曲折路。一开始，我采取不断驯养的方式，培养与他之间的师生感情。我只求付出，不求回报。一有空余时间，就寻找各种机会，在教室、在走廊、在队室，与他面对面真诚地聊天、谈心，聆听他内心的真实想法，采取共情的方式，多换位思考，解开他心头的郁闷。聊着，聊着，孩子与我之间的感情深厚了，也愿意与我敞开心扉了，甚至连他喜欢班里的一个女孩，晚上睡觉都想着她，他都告诉我。我安慰道："没有关系的，哪个少女不怀春，哪个少男不动心？这是正常现象。"我接着问他："现在以你的各方面的表现，能赢得女生的喜欢吗？"小蔡头摇得如拨浪鼓。我告诉他："只有努力在各方面不断提高自己，设法让自己变得优秀，才可能赢得自己所期待那个人的尊重。"他连连点头，表示赞同。

当我走进他的心灵后，我采取"招安"的方式，大胆启用他，让他成为我班纪律委员，利用他在男生中的号召力，全面负责班级的纪律、卫生工作，并成立了一支"拼命三郎"篮球队，他被任命为篮球队队长，在中午进行篮球训练。原本中午是众男生聚集在校园边上的小店，预谋搞事的时间段，现在他们都来打篮球了，此举大大消耗了男生的过余精力。有了正常的业余爱好，这孩子与社会上不良少年的接触机会大大减少，我多次上门家访，叮嘱他父母，晚上不要让孩子出去，有空时多与孩子谈心，不要动不动就打他……

孩子渐渐地朝着明亮那一方前进了。一天，小蔡在一篇作文里写道："真的要谢谢许老师。在这个世界上，谁都不可以骂我，打我，但是，许老师是个例外，她骂我，甚至打我，我都心甘情愿。"

当一个孩子甘心成为班主任的粉丝后，班主任就赢得了这个孩子的尊重与尊敬，孩子原本有的种种问题便不再是难题了。

（2）小金，在扬长中不断唤醒自信。

五年级分班时，没有村小老师到场，没有把在村小臭名昭著的小金单独列开考虑，两个重量级的人物——小蔡与小金，全都在我班。说起小金在村小时，可是全校闻名的孩子，单亲，妈妈是外地媳妇，逃掉了，家里只有爸爸，根本没有办法管住他。他学习成绩超差，"红灯笼"是他的家常便饭，爱与老师顶撞，根本不听从老师管教，想给他补课，他就一溜烟跑掉，还有小偷小摸行为。这些"劣迹"都是事后我从他原任班主任那里了解到的。

开学没有多久，有一天，一个40多岁衣着朴素的男人来找我，说要找小金所在班级的班主任。他告诉我，他是小金的邻居，他的家里少了两千多元钱，他怀疑是小金拿的，问我能不能帮帮他。两千多元，在20世纪90年代末，即便在经济发达的江南农村，也是一笔不小的巨款了。他居然偷了这么多！我惊讶之余，答应那位大叔，好好地帮着问问。

在没有其他人的队室里，我与小金开始了长聊，整整谈了两个小时，在我向他勾手承诺，保证不与班里同学提起的情况下，他终于承认的确是他拿的，已经花了一百元，买了一个篮球，另外的钱还没花掉。我赶紧带着他去他家里家访，找到他的爸爸，把事情的来龙去脉与他爸爸说了。小金也把尚未花掉的钱交给了爸爸，由爸爸去还给邻居。

这件事情，我在班里只字未提，只当作没有发生过，也没有在办公室里说一句话，赢得了小金对我的信任。对于这么一个缺少母爱的孩子，我内心充满了怜悯，没有批评他，经常发自内心地关心他，亲切地喊他"小金"。小金听我话了，也愿意来接近我了。我通过观察，发现他的动手能力强，桌椅坏了他会修，钢笔坏了他会修，自行车坏了他也会修……上帝是公平的，关上了一道门的同时，也会为他打开一扇窗。每个孩子都有自己的长处，他的动手能力超强。我封他为我班的生活委员助理，专修班级的桌椅和钢笔，并无限信任他，让他保管班级的钥匙。

"小金，帮我把钢笔修一修。""好的！我来了！"

"小金，我的桌子摇晃了，帮我修一修。""好的！我来了！"

……

爱默生说，自信是成功的第一秘诀。人的存在感从被需要开始，在为同学服务的过程中，在同学流露的钦佩目光中，他的自信心不断地被唤醒。他找到了在班级里的存在感和位置感。

尤其在语文学习上，通过我对他的帮助，顺利地过好"字词关"。他一有进步，我就奖励。一点一点，从40多分到50多分，再到后来的70多分，他对语文越来越感兴趣，做语文作业特别积极。有一天，与我搭班的数学老师与他开玩笑说："小金小金，你语文学得这么好，以后考北大中文系哦！"办公室里的老师们听得哈哈大笑。

一年的时光，小金实现了一个大跨越。原来的班主任听闻他语文成绩这么好之后，表示不敢相信。小金以语文80分的好成绩顺利完成了他小学阶段的学业。

两年的"男生工程"打造，我们的班级取得了决定性的胜利，从五年级时全校无人敢接班的"炸油锅"班到六年级时光荣地被评为"校十佳中队"。我带领着"问题班级""问题孩子"，不断战胜自我，找到自我，做更好的自己，这一程的奋斗与努力，唯有"热辣滚烫"可以形容。

红日班的突破口：提高农村家长的家庭教育素养

2003 年暑假，我调到市属小学。第四个年头，分班抓阄，抓到的班级，语、数成绩最差，与最好班级要差三分左右。有全校唯一的不及格分子小戴，有每天不做回家作业的小强、小涛、小福，有来自村小的顽固分子小炜，有屡屡逃学的小峰……第一单元语文考试，整整 11 人不及格的超级纪录，令我愣在座位上整整半天，说不出一句话来。数学老师、科学老师频频告状。面对如此班级，我犹如步入丛林，丛林森森又深深，有点透不过气来。又一回，一个严峻的考验，摆在了我这个班主任的面前。

既然有缘相聚一起，今生成为师生，那就珍惜这份可遇而不可求的缘分。迎难而上，才是一位优秀班主任所该具备的特质。我抱着穿越丛林见蓝天的执著信念，勇往直前，用办法总比困难多来不断鞭策鼓励自己，树立前进的勇气。

我默默地对班级进行诊断，寻找突围的突破口：我发现班里很多学生回家不做作业，家校本上家长不签名，放任自流，根本不去管理，认为孩子的学习是学校的事。我决定把"提高农村家长的家庭教育素养"作为突破口，并申报了市级课题，围绕该课题，做了一系列的打造工作。

写信给家长，传授科学的教育知识

我怀着与农村家长齐育人的情怀，在教育园地辛勤播种，平时注意收集素材，放弃晚上的休息时间，每半月向全体家长写一封针对班级孩子具体情况的信，《用书籍装点孩子的童年》《红日班两大楷模家长》《感动红日首席好妈妈》《做最好的家长》《您是孩子的榜样吗?》《换一种方式给压岁钱》……利用信件有效结合自己所在的班级里具体的人或事，传授科学的教育学、心理学、学科教学等方面的知识，进行系统干预，不断提高家长的教育素养，为家庭、学校的合作打好基础。

树立优秀家长典型，以点带面

我首先树立了两大楷模家长——陆志宏家长和姜伊凡家长，用《红日班两大楷模家长》这封长长的信，深入介绍这两位家长的正确做法，让全班家长明白，新时代做家长，不能仅满足于让孩子吃好穿暖，更要懂得引导。同伴之间的影响最大。这样一来，一批家长自然紧跟而上。

我通过锐利的眼睛，不断挖掘新的跟上来的家长，以点带面，造成新的良性循环。我班的小强，胖乎乎的身子支撑着一个大大的聪明脑袋，长期累积下来慢吞吞的懒惰德性，据他原来的班主任反映，他回家从来不做作业。几个回合下来，我确确实实领略了他的懈怠和拖拉，每天几乎都是最后一个回家。渐渐地，我通过观察，发现他每天须留下来的真正原因是速度慢，无论什么作业，他总是拿着笔，慢慢写，仿佛练轻功似的，等到老师下班，等到老师没耐心管他。唉，一个标准的磨洋工专家。

我曾让他担任提高组的语文组长，曾大肆夸奖他聪明，短时间内的确调动了他的积极性，以至于他妈妈说："许老师，你真有办法，我家的孩子现在开始主动做作业了。"

尽管孩子有了细微的进步，但毕竟中毒太深，没有狠毒的"解药"，很难真正根除。在家长会上，我听孩子妈妈说，他做作业要到晚上10点，他的磨蹭习惯已影响他的身体健康，所以我提笔在家校联系本上写道：请家长记录好孩子每天完成回家作业的时间，我好做到心中有数，及时对孩子进行教育。

没想到第二天，当批阅他的家校联系本时，两段漂亮的文字映入眼帘——

小强背诵第十课前两段比较生疏，后面的那段早已背出，还可以，再加上写日记，回家作业到了8点半才做好。

许老师，谢谢你这么关心小强，这么尽心尽职，如果每个人都像小强那样麻烦您，您会累垮。作为小强的妈妈，我深感愧疚，也为小强能遇到您这么好的老师而高兴！因为您是我做了20年家长第一次遇到的负责任的老师。我仿佛看到许老师多少个夜晚在台灯下草拟给家长、学生的信，明确班规以及一套套新鲜的教育方法，目的是想让501班每一个学生都像红日一样慢慢升高，拥有一个灿烂的明天！正像歌词中唱的："老师窗前有一盆米兰，小小的黄花藏在绿叶间，它不是为了争春才开花，默默地把芳香洒在人心间，啊米兰，啊米兰，像我们敬爱的老师，我爱老师，就像爱米兰……"

看到这两段文字，我心中涌起的是感动。我的做法能得到家长的共鸣和理解，那点点辛苦又算得了什么呢？我连忙拿起笔写下了这么几段话：

谢谢家长对我的信任和鼓励。其实，我辛苦一点无所谓的，但是，我们若不采取有效的措施，只是每天放学后让他补，那孩子拖拉的毛病永远都不能治好，只能是治标不治本。孩子要改掉一个长期堆积的坏习惯，是一个痛苦的过程，家长爱孩子，爱在心中，不要心软。我相信，只要家长您愿意和我配合，您和我共同努力，一定能让您的孩子如一块金子般闪闪发光！让我们一起用十二万分的耐心期望孩子的幸福成长！

家长，您首先要对孩子说："写字速度要快，不要磨蹭。"他往往拿着笔，不写字。每天放学后应让孩子养成马上做回家作业的习惯，倘若他能养成什么作业都能提早做的习惯，那将终生受益。我班的学生，一般做所有的作业都不需一小时，剩下的时间就是看书了。我以为，做到8点到8点半为宜，9点钟一定要上床睡觉了，要保证孩子有充足的睡眠，不然就是恶性循环！

可以先试行一周，然后毫不留情地执行！您我共同努力，我相信，孩子一定能变得非常优秀！

按照我的要求，他妈妈每天都记录好孩子在家完成作业的情况。每天再忙，我也要挤出时间，与她进行交流。我根据家长的留言，给出针对孩子的有效措施。小强妈妈有过欢喜，有过彷徨，有过无奈，特别是面对孩子成绩屡屡高不了的情况，小强妈妈有过泄气的时候，我常安慰她："您起步太晚了，错过了培养孩子良好习惯的黄金时期，要慢慢来，要咬住青山不放松……"

另一方面，我让小强妈妈体验到孩子进步的喜悦。当看到小强的速度提高了，我就额外奖励他喜报，看到他第四单元又只考了79分，我就悄悄地与他商量：借给他1分，让他妈妈第一次尝到80分的喜悦。当着全班同学的面，我努力去焕发孩子的自信，渐渐地笑容挂上了孩子的眉梢。

这样一来二去，我和小强妈妈每天在纸上进行心与心的交流。整整两大本本子，记录着我与小强妈妈心灵交流的轨迹。也是在每天的交流中，我知道小强妈妈是一位高度盲残，戴着2400～2700度眼镜的残疾人。她说，她之前之所以不检查孩子的作业，是因为看不清儿子、女儿的糊涂作业。我这个班主任的真心付出和对事业的执著，深深地触动了她这个不称职的母亲，她再也不能以看不见为理由为自己开脱，要克服身体上的缺陷，帮助孩子，与老师配合，把孩子的学习成绩提高上去。白天她没有时间，要给装修卫生间的老公拎泥桶；晚上，40多岁的盲残妈妈和儿子一起凑在昏暗的台灯下，督促孩子做作业，帮孩子检查作业，与孩子一起看书。母子两人一起商量，一起坚持，一起进步！

我的心里除了惊讶，更多涌起的是一缕缕感动。世上只有妈妈好，只有妈妈才愿意为自己的孩子如此付出。我把她的留言郑重其事地读给班里的全体孩子听，我声情并茂地朗读，有的孩子眼里溢满了泪花，对于这样一位母亲，我们心生敬佩。

为了鼓励小强妈妈，也为了让更多的家长了解小强妈妈的付出，我给全体家长写了第五封信——《感动红日首席好妈妈》，专门把可爱可敬可佩的小强妈妈向全班家长隆重地推出。

通过这样的信，一位为孩子艰辛付出的家长的感人事迹，被众多家长所知晓，也震撼了一大批家长，许多家长纷纷在反馈中写道："面对小强妈妈的付出，我还有什么理由为自己的懈怠找出理由呢？"这样一来，一批平时对孩子的学业漠不关心的家长也开始紧随而上。

向家长报喜，邀请家长来到班级

我根据孩子们的进步，经常给家长发喜报，喜报的形式多样，可以发手机信息喜报，发最称职家长的证书，发感动红日十大好家长的证书……种种荣誉证书的发送，让家长感到自己的付出会有回报，帮助他们树立前进的信心，体验孩子前进的喜悦。

同时，我每周开设了"家校互动日"，邀请优秀的家长来到我们班级，请家长走进我们的班级，与孩子们互动交流，让家长感受孩子进步的喜悦，体验与孩子共同成长的激动和亢奋。

只一个学期，红日班的语文、英语成绩就列全校第一，一年后数学成绩也列全校第一，两年皆被评为校优秀文明班级，各级各类比赛都位于同年级前茅，一跃成为全校闻名的好班，并赢得了家长们的好评如潮。

当班主任，要以乐观、积极的心态，微笑着接手"差班"，要想办法与各类"差班"、各类"问题孩子"打交道。接特别的班级，就意味着挑战困难，挑战自己。在困难、挫折面前不抱怨，不放弃。要静下心，先诊断班风，再寻找突围特别班级的突破口，把它当作自己班主任工作的小课题，默默地进行扎实有效的深入研究，以爱心开道，以智慧铺路，以反思为桥梁，用办法总比困难多不断勉励鞭策自己，不断实践，不断摸索，从而大大提高自己的班主任专业水平。

相亲相爱班的突围之路

我遇见谁　会有怎样的对白

我等的人　他在多远的未来

我听见风来自地铁和人海

我排着队　拿着爱的号码牌

——孙燕姿《遇见》

每每听孙燕姿的《遇见》，我的内心心海翻滚，泛起无数点点浪花。人生是一列往前奔驰的列车，正如歌词中所唱的，所有的遇见，都会是最美丽的意外。

在我教育生涯的第 23 个年头，遇见相亲相爱班，是冥冥中的一种安排，一份际遇，一个考验。我信缘，不是吗？列车往前奔驰的十个月，点点滴滴的日子，辉映着无数的酸、甜、苦、辣的过往：第一次"厮打"，第一次"被泼"，第一次被"投诉"，第一次感觉做老师居然如此无奈，第一次意识到自己心理学专业知识的匮乏……教育生涯中几多"灰色"第一次，拜相亲相爱班所赐。

我依然深深感谢：感谢来到我教育生命中的 56 个孩子，与我朝夕相处十个月的孩子，是他们让我的教育生命更为丰盈和思索；感谢厚学导师郑老师，那么尽心尽力地协助我，一起经营班级，每一次我外出，他那么兢兢业业、无怨无悔；感谢各位领导和同事，对我以及我班孩子的宽容和帮助；感谢我们的家长，在我迷茫、无奈时，一次次给予我如春风般的鼓励……

这是一个非常特殊的班级，大名远扬的"滚刀肉"般的棘手班级。但凡五年级教它的每一个老师都去校长室申请：下半年让我任教任何一个班都是可以的，就是不要教这个班。四年级时因为一个特殊学生的到来，每天班级上演着层出不穷的吵架、打架、指责老师，甚至与老师吵架……所有的老师被折磨得不堪，尤其是正副班主任……开学初，我接到了管教学的副校长的电话，让我接手这个班级。我一口应允。

　　上班后，我带着本子，平生第一回来到原班主任那里了解班级情况。之前接班，我对孩子们说得最多的一句话是："不管你以前的表现怎么样，许老师都不关心，更不会去打听，我只关注你接下来的表现。"这么特殊的一个班级，且只教一年六年级，时间紧，班级情况复杂，我要尽快了解班级的真实棘手情况。

　　原班主任告诉我，其实，问题的源头就是班级里三个成绩最好的男生，且称为男一小 T、男二和男三小 Y 吧！四年级时小 Y 从另一所学校跟随他的妈妈一起转来，他成绩相当优异，但听课习惯差，上课随便接嘴，交友能力更是差。他想与学业最好的小 T 与男二交友，但不是好好去说，而是一不如意就用打和骂的方式。小 Y 的确有一些歇斯底里的行为，当然小 T 和男二也不肯歇，所以打架、吵架是每天最常见的事情。差不多全班男生都对小 Y 有意见，每天是男生们在打架，女孩子在边上看好戏。一开始小 T 和男二的妈妈还是支持老师的，后来听孩子们讲多了小 Y 的特殊行为，她们也站到了孩子们这边……唉！当领导在全体教师大会上宣布我接手后，一位长辈老师亲口与我说："你愿意接这个班吗？如果是我，一定不高兴接。"

从班级文化的建设中找到平衡点

　　我每带一个班，都会精心酝酿班级文化，我会根据班级的特质、班风以及对孩子们的希冀，精心建设班级文化。

　　初接班两周，我一直处于一种观察和诊断之中，一直在想，我刚送走的"小水滴班"的班级文化，是否运用？后来一看，不行的。此班非彼班。因一个孩子言行上的"幼稚与放肆"，一拨处于青春前期的男生们，原本就多巴胺旺盛的男生们，处于一种超级亢奋激动状态，与老师、与同学随时都有一种箭在弦上之感。既然我们班的最大问题是吵架和不和谐交往问题，那能不能在这个上面大作文章呢？

整整两周，我一直处于思索的状态，当我确定把"相亲相爱"作为我班的班名后，我的眼前顿时明亮了几许。围绕着"相亲相爱"这四个字，我开始思索我们班的班级文化了：

班歌：《相亲相爱》。（华人群星演唱的一首流行歌曲，高潮部分：因为我们是一家人／相亲相爱的一家人／有缘才能相聚／有心才会珍惜／何必让满天乌云遮住眼睛／因为我们是一家人／相亲相爱的一家人／有福就该同享／有难必然同当／用相知相守换地久天长。）

班训：和气、静心。

我清晰地记得，报到注册的那天，一个女生当着我的面，大声地说：某某某是永远不可能改好的。当时那个女生斩钉截铁的口气，直到现在我还历历在目。第一节，我精心准备了一节班会课《为自己喝彩》，课前有一个对自己特点的大分析，小T居然这么写道："我的特点就是以找小Y作对为乐……"

我决定打造"融和文化"，把班训定为"和气、静心"。与孩子们上的第一节课，不是常规的课，而是我精心设计的一节班会课《为自己喝彩》，让大家接纳自己，接纳班级的同学，这是融合文化的前奏。

我给孩子们讲了一个盲人的故事。

一个盲人，摸到了一个被咬了一口的苹果，联想到自己的缺陷，他想："……"从此，他开始振作起来，向命运挑战。

（1）听故事，猜想：这个被咬了一口的苹果，让他得到了什么启示？

（2）出示原话：世上每个人都是被上天咬过一口的苹果，都是有缺陷的人。有的人缺陷比较大，是因为上天特别喜爱他的芬芳。

而现在，被上天咬了一口的苹果成了苹果手机的标志，成了美的代言。

我这么小结：上天很馋，见谁咬谁，所以，人都是有缺陷的。我，你的爸爸或妈妈，班里的每一个同学都是有缺陷的。小Y与我们在座的每一个孩子一样，有优点也有他的不足，他也是一个被上天咬了一口的苹果，他不是我们的敌人，希望我们都接纳他……

我让大家找小Y的优点。

小Y的英语特别好！

小Y的演讲特别好，拿过全市一等奖。

小Y……

孩子们一个个找着小Y的优点，原来除了人际交往问题，还有这么多的优点呀！

第一节班会课，为全班同学的和文化作了铺垫。和气，是全班同学该铭记的一个词。这一个词，对班级班风的大方向的铺垫起了很大的稳定作用。

班级口号：和气呈祥、宁静致远。

"宁静致远"是诸葛亮《诫子书》中的四个字。我一直都非常喜欢。"和气呈祥"这四个字，的确是思考了许久才找到。接班两周内的某一天晚上，半夜中，突然想起了"和气呈祥"这四个字，犹如电光石火的闪现，我赶紧起床，打开电脑，记录下来。

我与孩子们说："前世的五百次回眸才换来今生的一次擦肩而过，如我们这样，在同一个班级中学习，需要前生多少次回眸换来呢？这可是珍贵的同窗之情呀！"我充满感情地告诉孩子们，我们606班的班名是相亲相爱班，我们的班歌是《相亲相爱》。

我在课件上出示我所写的班诗《和气呈祥　宁静致远》：

> 君可知
> 前世的多少次回眸

才换来今生的小学同窗之谊

有缘相聚

感恩感谢

和——

和谐和气和美和善

我亲爱的同学们

让我们和气呈祥

相亲相爱

在一个和谐温暖的大家庭里茁壮成长

静——

静心静气静神静韵

我可爱的同学们

让我们宁静致远

珍惜时光

在一个祥和幸福的好集体中奔向未来

……

　　每一节我这位班主任上的课，师生问好之后，全班一起吟诵我们的班诗。每　节主题班会课，班级活动之后，我们一起演唱我们的班歌《相亲相爱》，让相亲相爱的班级文化融进孩子们的心田。

　　那节课后，我把这三个男孩子叫到我们教室的走廊里，对他们说："你们三个是我们班最厉害的三个男生，你们三位的相处，对我们班来说非常重要。人与人之间的相处不是非黑即白，做不成朋友就是敌人，还有一种相处方式，就是互不打扰，和平相处，可以吗？"他们一个个告诉我说，可以的。他们三只小手和我这个班主任的手，重叠在了一起。一起为我们这个班级努力哦！

打造男女生对垒的特色班级文化

在相亲相爱的班级文化的熏陶下，我又带领班级学生开展了丰富多彩的活动，充盈学校的生活，吸引孩子们的注意力。两个学期，短短十个月，我带领班级里的孩子们开展了丰富多彩的活动，其中最为典型的几次为：

（1）男女生对抗赛：呼吁班级中的男女生从课堂纪律、自主管理、作业等方面进行了一个对抗赛，有一个分数的累积，全面调动男生们的积极性。

（2）男女红军体验：10月上旬，由我班家谊会一手策划和组织了德清杨墩农庄的小红军亲子体验活动，斗地主（两位爸爸扮演的"地主"），挖红薯，烧野饭，搭草房……全新的亲子体验活动，分男女生队伍展开比赛，给全班的孩子和家长一种精神上的愉悦。事实上，这一次亲子体验活动，给班上的孩子们留下了极为深刻的印象，许多孩子在小学生涯最为印象深刻的事情就是这次的小红军体验。

（3）女生节：当男女生对抗赛，女生的分值积累到一定程度时，我们就开展了为期一周的女生节。

女生节最响亮的一个篇章
——北港小学606班亲子生日庆典女生专场小记

11月8日上午，北港小学四楼报告厅里到处洋溢着温馨、欢快的气氛，606班相亲相爱班正在举行一场别开生面的活动。天空飘着蒙蒙细雨，但丝毫没影响孩子们的热情，因为班主任许丹红老师为班级女生节奏响最响亮的一个篇章——精心策划了一个12岁的女生亲子生日庆典。

在三位主持人沈禾一、陈一、蔡雅安充满感情的声音中，亲子生日庆典拉开了序幕。首先是沈昕桐和徐幸川的妈妈为女儿献诗，接着各位爸爸妈妈都走上台向他们的孩子吐露心声，用各自充满感情的语言表达他们对女儿的期待和祝福。声情并茂的诗句浸盈着父母最深沉的爱，深深地感染着孩子们，孩子们泪光点点。

许丹红老师深情讲述绘本故事《你出生的那个晚上》，家长孩子们一起轻轻吟诵所有女生的名字，这一刻，那么安静和融洽。

孩子们展示自己的时刻到了：诸家红的歌声优美动听，令人陶醉；王乐驰的小提琴带大家走进了美妙的音乐世界；杜一、张娴、蔡雅安、管妤的相声让在座的人听得捧腹大笑；当然，606班"小小歌唱家"陈一的歌声更让大家折服；还有沈禾一的中英文《雪绒花》，王恬、陈彦宁等人的小品，张娴的越剧，无不让人击掌叫好；三位小主持人更是主持得有模有样，可圈可点。

最后，迎来了本次活动的高潮。孩子们在许老师的安排下，站成一个圆圈，点燃蜡烛，一起唱起了生日快乐歌，许下了最美好的愿望。当蜡烛吹灭的瞬间，活动现场变成了欢乐、温馨的海洋。欣慰的是，孩子们把蛋糕分给了老师和她们的父母，感谢老师的辛勤培育，感恩父母的呵护与付出。

在欢快热烈的气氛中，亲子生日庆典落下了帷幕。

12岁，一个新的起点，相信孩子们在以后的日子里，时刻牢记老师的教诲，父母的叮咛，携手奔向更加灿烂的明天。

感谢这样的活动，不仅拉近了父母与孩子的心理距离，更拉近了家庭与学校，家长与老师之间的距离。感谢北港小学，让我们的孩子沐浴在童年的欢乐中，幸福成长。

606班沈禾一爸爸

(4) 男生节：在男生们的翘首企盼中，在男生们的共同努力之下，在女生节召开后的两个月后，终于开展了为期一周的男生节。我再一次掏钱订了16寸的蛋糕。

(5) 银杏树下的男女诗歌会：美丽的北港河畔，四季如画，当璀璨闪亮的银杏树叶变成金黄色时，全班孩子分男女两队，相聚在银杏树下，召开诗歌会，我们朗诵自己创作的诗歌，我们沉醉在知识的海洋中，我们把欢乐撒在了这一方土地上。

（6）正能量好爸爸的评选：现象级亲子秀《爸爸去哪儿》，引发了全社会去思考爸爸在一个孩子的生命中所能起到的重大作用。为了提升爸爸们参与家庭教育的积极性，我们班开展了正能量好爸爸的评选。

（7）小冰心、小鲁迅习作展：根据六年级第二个学期的要求，提早一个多月，呼吁我们的孩子和家长一起整理自己的习作，出一本作文集，作为自己小学阶段的一项重要的礼物。女生被称为"小冰心"，男生被誉为"小鲁迅"，我真的没想到，我们的孩子的习作集做得如此考究和美好。在六一节当天，在我们的走廊一角，如期进行我班"小冰心""小鲁迅"的习作展，孩子们在一本本丰厚的习作集前驻足观看，久久不愿离开。

擒"王"篇：鼓励＋重用＋示弱＝赢得心灵

对整个班级起核心影响的，其实是我们的男一小T。他在五年级前，多次被评为风雅少年，学习成绩优异，尤其口才更棒！他知识面广泛，其文史知识、战争知识，是我从教以来从没见过的渊博。他在班级里，在孩子们的心目中，占有举足轻重的作用。若他起负面消极影响，则将会吹皱一池春水。

一开始接班，我尽可能地化解小T和小Y之间的隔阂，让他们握手言欢，告诉他们，世界上除了朋友之外，并非只有敌人这一种方式，还有一种相处之道，就是和平共处。

从我接班的第一天开始，我开始重用小T，信任他，让他放学了举路牌，让他管理班级……第一个月的班级月度人物就是他。

在最为平静的第一个月过去后，孩子们对新班主任的新鲜感渐渐散去，原有的各种毛病开始蠢蠢欲动。

我真的从没见过，如此自尊又自负的孩子：在无数次踢足球时，为了赢球，他的好胜心全面爆发，输了球就要大声地训斥同学，使得我班首号足球高手小明与他水火不相容。无论我如何地引导并做思想工作，他都铁青着脸，满脸横相，把话说得斩铁截铁，一副不共戴天的样子。

我与他爸爸妈妈多次沟通，也亲自上门家访，拉近与家长、孩子的心理距离。小T时不时暴跳如雷，动不动就发火。有一天，小逸告诉我，小T把小翼的生日会搞砸了：小翼生日，他妈妈邀请班里的许多好朋友一起参加，他们踢足球，结果小川一个球没踢好，小T大声斥责，两个人吵起架来，小T一摔球，就回家了。小翼妈妈当时怎么拉也拉不住。一场欢乐的生日会因他而郁郁。原本小翼妈妈要送给小T的礼物，让他的好朋友小华在周一时带给他，结果小T一拿到，看都没看，直接扔到了垃圾桶。小华也很郁闷，觉得他太不给面子了，此后，两个好朋友彻底闹掰。

还有一次，小威趴在投影仪这边观看时，他在教室里追逐打闹，小威提醒他别跑了，他不理会，小威用脚踢了他一下，他顿时撒野了，狠狠地踢了小威好几脚，还说小威踢到了他的隐私部位，要人家赔许多钱……我把他爸爸妈妈请到学校里来沟通这件事情，结果他藏起来了，找了许久，原来躲在楼梯间……

教到小T，让我见识到了人性中最大的弱点。我曾听他家长和老师说，他原本是一个优秀孩子，曾多次被评为风雅少年。从五年级开始，因为家庭特殊原因，变得如此不可理喻。

为了化解他与小明之间的矛盾，我采取了迂回计策，多次私下做小明的思想工作，让他多包容一点小T，不要与他正面硬刚。小明听了我的劝。那次，足球队去振东小学参加比赛，小明主动对小T说："你踢得真好！"小T感动了，两人的友谊渐渐修复。

结合我班的励志电影课程，我特意用一节课的时间介绍周星驰，班会课的题目就是"卑微是人生的第一课"。我通过介绍周星驰的成长历程，让班里的孩子们明白：当星爷还不是星爷时，他的人生曾如此卑微。

那一周，我推荐了周星驰的电影《功夫》。周一，组织全班学生讨论观看这部电影的感受，写观后感。只见小 T 写道："真的没想到，真正的高手，都是深藏不露的……"

"要学会高调做事，低调做人，这才是高手"，是我一直与小 T 沟通的主旋律，也是他妈妈一直与他沟通的话题。

小 T 渐渐开始低调了，脸上的表情变得比以前柔和了些。但是，自主管理时间时，常常不遵守纪律，小干部又不能说他，一说他，一记名，原本的暴跳如雷又展现无遗。

又有一次，明明他吃饭不乖，大声说话，狂笑，检查人员提醒多次无效，被记名后，他把火发到了诸家红身上，大声训斥他，还扔东西，一副振振有词的样子。当我了解到这样的真相后，真想狠狠批评他一顿。

转而一想，批评一顿有效吗？这孩子的问题若批评能解决的话，早已不是现在的样子了。听同学与我说，五年级时，他带头成立了一个反班主任联盟，作为盟主的他，与班主任硬刚是他感觉开心的一件事。我从来不怕学生与我硬刚，但我若选择硬刚，是不是我前面所做的努力化为乌有了呢？我得把这件事先冷处理一下。我先抚慰了诸家红，对小 T 暂时不进行处理。

等到下午他也已经平静了下来，我挑了一个时间，把他叫到了走廊里，与他谈心。"小 T，你觉得与许老师之间除了师生的关系，还有什么关系呢？"我问他。他不解地看着我。

"告诉你，你与我之间除了师生关系，我觉得，更应该是朋友的关系，是哥们儿。你若有什么不开心的，记得与我来沟通，看看我能不能帮你！还有，你若带头违反纪律，我这当班主任的，很难办的。批评你吧，你脸上搁不起！不批评你吧，我在同学面前交代不过去，我不仅是你的老师，也是全班同学的老师，你说对不对？"当他听到我说的"朋友"这两个字时，他的眼睛一下子一亮，如电闪火光一般。我流露出我的为难，采用了"示弱"的方法。他告诉我，以后一定会好好表现。

我在网上购买了《小学生小古文 100 篇》，当作礼物送给他。我在扉页上这么写道：

亲爱的小 T：

愿你通过自己的努力成为一位文武兼修的大材！记住，有一双目光会永远关注你……

你的老师兼朋友：许丹红

后来，他妈妈告诉我，他回到家，激动得不得了，反反复复地与妈妈和外婆说这件事。我也多次表达我与小 T 是哥们儿，我说我希望我儿子以后也能如小 T 哥哥一般知识渊博。他和我之间的心理距离一天更比一天近了。习作中，作业中，不时看到他对我的赞誉和感谢。

渐渐地，他的脸变得柔和，他再也不与班里任何人为敌了，即便是小 Y 多次招惹，他也学会了沉默和逃离。池塘里若两条黑鱼在争斗，会搅得满池的浪花飞溅，不得安宁。若只有一条黑鱼在池塘一隅，黯然地搅动，也起不了多大的风浪了，池塘依然是蛙鸣鱼肥的乐园。

作为班级核心人物的他有了转变，整个班级朝着一个良好的趋势发展。

只一个学期，相亲相爱班就被评为年级的优秀文明班。整个班级已风平浪静，全班也不再把注意力放在这个特殊孩子身上了，班级朝着一个好的方向前进了。

注：小 T 现在已是香港中文大学文学院拿奖学金的高材生，每年都会与妈妈一起来我家看望我。他说："许老师，没有您小学时候一直的栽培和鼓励，也不可能有今天这样的我。您是我人生的启蒙老师。"正如小 T 所说，这是一辈子的师生情谊。

红苹果班的"绝"处逢"生"

接红苹果班时，正处在我教育人生的第一个巅峰，我刚送走让我一举成名的红日班，我的第一部著作记录的正是带红日班的班主任成长故事。

在城郊接合部学校，孩子们零基础入学，一年级上册知识点多，任务重，导致学校的老师对教一年级敬而生畏。管教学的钱校长打电话给我，她说："许老师，意向表上没有老师填一年级，接下来你教一年级，可以吗？""当然可以！"尽管我喜欢在中高段与孩子们斗智斗勇，但我又有什么理由推脱教一年级呢？我一口应允。

红苹果班变成同事口中的"烂苹果班"：遭遇工作以来的最大难题

我与班里的 50 个可爱的小苹果有了一段美好的师生缘分。当年暑假，我荣获了省春蚕奖和市第三届师德标兵荣誉称号，鲜花和掌声聚焦在我的身上，自然身边也多了一些质疑。校长很关心我，经常把我找到她办公室谈话。她叮嘱我，不管怎么样，一定要把班里孩子们的成绩带出来。我几乎是拍胸脯保证，无论在乡下，抑或来到这里，除了第一年工作时班级成绩落后于同年级平行班，从第二年开始，一般一个学期，最多一年，我就能让全班的平均分列于年级的第一、第二。把班里孩子们的成绩带好，搁在以前，真的不是一件难事。上苍似乎在考验我的智慧和耐心。

我遭遇了从教以来最大的考验，每天给班里的孩子没日没夜地补差，两个半月后的期中考试，班级的平均分还是最后一名，不仅仅是最后一名，还拉开差距，与第一名的班级少了 15 分之多。有 12 个孩子不及格，从 38 分到 40 多分，到 55 分、56 分、57 分……整整一圆桌的孩子不及格。要知道，这可是我第五次带一年级。若单纯归纳为教一年级没有经验，我内心不认可。

班里有六朵金花，学知识特别慢。有一个来自山东沂蒙山区，她上面有两个哥哥，小哥哥在我们学校读五年级，大哥哥正在读初二。她妈妈在当地农贸市场卖鸡，小学二年级文化，不会讲普通话，一口山东话，我曾与她打过一次电话，一个字都没有听懂。她爸爸在我们当地做点小生意，开着一辆二手车。我联系孩子爸爸，建议在家能多教教孩子，一年级若拼音拼不出，字不认识，孩子的学习之路根本走不下去。孩子妈妈识字不多，爸爸为了生活在奔波，每天回到家都差不多晚上八九点了，没时间教孩子了。我建议两个哥哥教妹妹，爸爸说，两个哥哥平时也在教妹妹，但本身他们自己的功课也忙，妹妹也不怎么听话，所以效果很一般。我对孩子爸爸说："那你每天晚点来接孩子，我给孩子补课，放心哦，免费补课。"孩子爸爸惊喜极了，对我说："许老师，您真是一位负责任的好老师，比我们老家的老师好十倍。"我笑着对他说："老家的老师也一样好哦，只是你没发现而已。"我把孩子留下来，给她补课，一对一，耐心地教。一个简单的拼读音节 meihua，一般的孩子三遍不会五遍，五遍不会十遍二十遍，总会了吧！可是，就是这么一个简单的拼读音节，我教了整整一个半小时还没学会，拼出了 mei，她不知道 hua 怎么拼了，拼出了 hua，忘记了 mei 怎么拼，到后来，拼出了 mei 和 hua，却不会连读。不是说，孩子一点儿学不会，就是学起知识特别缓慢，需要有极大的耐心去对待。

还有一朵金花，小名盈盈，本地人，二胎，姐姐读初二，全家人特别溺爱她。在幼儿园时，天天不肯去读书，如果这一天去幼儿园没有哭，妈妈觉得是一件非常开心的事情。上幼儿园时三天打鱼两天晒网，更别说什么智力背景的渗透了。这个女孩，也是拼音与字都不怎么认识，需要花许多许多的时间去记。在我的影响下，妈妈开始觉醒，接孩子回家的路上，教孩子识字的口诀："左下一个工，右下一个口。"孩子跟随着她，说了一路的口诀，结果回家打开书包让孩子认一下，还是把左读成了右，把右读成了左。当即，妈妈表示想不通，给我打电话："许老师，怎么回事呢？怎么说了一路口诀，还是弄错了呢？"我在电话里对妈妈说："孩子连工与口都不认识，给孩子念顺口溜记字意义不大。"妈妈情不自禁哈哈大笑起来。

这样的女孩，有六个之多，我戏称六朵金花。红苹果班不仅仅学习差，只要学校里的比赛，统统成了年级最后一名。语文写字比赛最后一名，认识字，记住字，笔画不少，写正确，单这些事就已花费我九牛二虎之力，我真的没有时间和精力再去关注字的笔锋和间架结构了。体育一分钟跳绳比赛，也是最后一名。当时我了解到不会跳绳的孩子们特别多，尤其是有一些成绩差的、学不进知识的孩子，连跳绳都不会。我从小店里买了十多根绳子，体育老师去上体育课了，我拿着绳子带着十几个不会跳绳的孩子训练去了。有时候，真的有点沮丧，学习不行，连学个跳绳也比别人慢不知道多少拍。一点一点地教，我安慰自己，要如蜗牛般沉住气。日复一日，训练了两个多月，在元旦前夕的趣味跳绳运动会上，红苹果班的一分钟跳绳依然拿了年级最后一名。有一天，体育老师看不过去了，她在办公室里感慨："许老师，你们班叫红苹果班，你看看，语文语文不行，数学数学不行，跳绳么你这么用心，跟着我这么长时间，还是最后一名，这一个个全是烂苹果！"

辛勤耕耘，倾注我满腔热情和心血的红苹果班，变成了同事口中的"烂苹果班"，我欲哭无泪，但绝不妥协！

我在寻找出路！寻找突破口！我彷徨，下班后我用一圈一圈的快走、慢跑，稀释我内心的焦虑和不安。我相信，只要我坚持往前走，事情就会出现转机。

开设"乘着歌声的翅膀"的班级课程，让班级开始富有生机

班本课程就是以班级为平台，充分利用班级资源，以满足班级孩子发展需要为宗旨，由班级和孩子共同开发的班级课程。班级课程就是以班级孩子为本位的课程，它立足于本班的兴趣爱好和成长的心理需要，促进孩子的身心和谐发展，提升孩子们的人文素养。

怎么办？我的红苹果班的出路在哪里呢？啥啥啥都不行。那我开个什么班级课程呢？正当我酝酿并努力寻找孩子们的擅长之处时，突然有一天，音乐老师在上完我班音乐课后，在办公室里感慨，一班的歌声真的比其他班好听。正在批作业的我，听到这样的话时，激动地从椅子上跳了起来："真的吗？真的吗？"我追问着音乐老师。她笑着说："因为有两个孩子，女生范宇玮和男生杨嘉德，先天的音乐素养特别好，在他们两个的带领下，红苹果班的歌声比其他班要好听。"

我似乎看到了希望的曙光，激动得一晚上没睡，看看看，咱班也不是"烂苹果班"了，这不，唱歌不是比其他班级好听吗？那怎么从这个优点入手，发挥孩子们的长处呢？我想呀想，想到了魏书生的每周学一首歌，咦，我们班不是也可以每周学一首歌吗？

我开始开设班本课程——"乘着歌声的翅膀"，每周学一首歌，让孩子们认真誊抄歌词，朗诵歌词，在校跟唱几遍，在家跟电脑学唱。孩子们唱得可好了，一般一首歌听了两三遍后，过一两天来唱，就唱得特别好听。我拟了十个专题：热爱祖国专题，热爱亲人专题，走进台湾校园歌曲专题……每一个专题再精心找十首歌，这些歌要富有正能量，旋律优美动听，歌词富有韵味……

说行动就行动，我赶紧找一些有益孩子身心成长的经典歌曲，比如《明天会更好》《一条大河》《童年》《听妈妈的话》《稻香》《我的中国心》等歌曲，给了孩子们丰富的精神财富和快乐的源泉。

当时我的设想是每周学一首歌曲，争取到六年级毕业时，每个孩子

能学会 100 首歌。精心挑选的歌词真美妙："玉山白雪飘零，吹动少年的心，让昨日的记忆随岁月风干了……"每首歌的歌词就是一笔宝贵的精神财富，文化的底子。

我每周拿出两个早读时间，让孩子们吟诵要学的歌曲的歌词，当作诗歌吟诵。学校比较简陋，吃中饭在教室里，当孩子们开始吃中饭的时候，打开 QQ 音乐播放器，播放当周要学的歌曲。一般两三个中午听下来，孩子们就差不多会唱了。边听歌边吃饭，孩子可开心了。音乐开始让红苹果班洋溢着生机和快乐。孩子们在诵吟唱的过程中，人文素养不经意之间日益充盈。

开展丰富的班级活动，滋养孩子们的身心

美国明星教师雷夫说："一间教室能给孩子们带来什么，取决于教室桌椅之外的空白处流动着什么。相同面积的教室，有的显得很小，让人感到局促和狭隘；有的显得很大，让人觉得有无限伸展的可能。是什么东西在决定教室的尺度——教师，尤其是小学教师。他的面貌，决定了教室的内容；他的气度，决定了教室的容量。"是的，决定一间教室的，不是教室有多宽敞明亮，而是谁站在教室里！

著名的教育专家王晓春老师说，班主任若能经常搞一些贴近孩子心灵的自愿的活动，孩子们一定会非常欢迎。在各种各样的活动中，孩子们的身心得到了滋养。

我是一个热衷于搞各种活动的班主任，带红苹果班，曾远足果园桥，在草地上进行《爱的教育》的书香会，在校园外进行野餐，进行诗歌朗诵。

我也曾收到力超的一封信，随信寄来的还有一颗糖，品读他的信件，可以看出有效的德育活动，对孩子有非常重要的教育意义。

许老师：

您现在还好吗？上课很累，可不要累坏身体哦！上班路上车流量大，

一定要注意安全。天气渐渐冷了，也要注意保暖。我是您的学生王力超。

当您读到这封信的时候，或许会感到吃惊。作为您的学生，时隔三年才给您写信，我深深地感到自责。回忆起您所营造的春风化雨的环境，我历历在目。

我感觉我渐渐成熟和懂事了，现在是凤鸣高中九班的副班长，更是学生会干事，上台演讲也不感到紧张，这都是您的功劳啊！我自认为平时的好习惯都源于您的影响，小到上台演讲要把椅子推进桌子下，大到孝敬父母、热爱祖国，您对我起着重要而深远的影响。

您是祖国教育界的先锋，更是我心中永远无法忘怀的老师，在这三年里也许您对我的杳无音信感到失望和悲伤，但是，我一直都没有忘记过您，每年的教师节我都会想起您，几次三番想给您发祝福短信，终未成行。回溯起几年前给我们上的《爱的教育》，让我懂得感恩，我想现在应该开始了。

每每写回家作业，都会不经意间看到老师您的照片，都有一股暖流涌上心头。跟您在一起如沐春风，只可惜我当时年纪尚小，不懂事，没有好好珍惜。您是我一生中遇到的最重要的财富之一，它已经融入了我的血液、肉体中，与我的灵魂相伴，无法分离，您对我的影响将伴随我的一生。

老师，我还想听一听您的课，勾起我儿时美好的回忆。其实，我还有许多话想跟你叙谈，但是由于时间关系就……

老师，我爱您！祝身体健康，万事如意。

献上一颗糖，以表我之心。

您的学生王力超

10 月 22 日夜

距《爱的教育》书香会整整四年了，孩子还念念不忘，由此可见，活动的实效性，不仅呈现在当时，更是根植进了孩子的内心。我把这封信、这颗糖珍藏着，当作我前进的动力和力量。我觉得来自孩子的真诚的感谢，远比官方颁发给我的任何一个奖项来得更有价值。

我组织红苹果班孩子为贫困山区捐课外书、捐衣服，给远方朋友写信，开展童话故事表演会、讲故事比赛、植物园亲子活动、欢乐过圣诞、大手拉大手表彰活动，邀请刚读大一的陈平学姐进班演说，利用家长资源，让在部队待过12年的××爸爸给我班孩子进行军训……我想尽办法，充分利用一切可利用的资源，唤醒孩子沉睡的心灵。

教孩子们三年，为孩子们想三十年。正是这些丰富多彩的活动，使得红苹果班的孩子精气神佳，积极上进，素养也日渐提高。

选好男生"精神领袖"，精心打造男生

红苹果班是我从教以来带得最艰难的班级，这份艰难只有和我一起任教的老师才能体会得到。一年级第一次期中考试，我班语、数六个指标（优秀率、平均分、合格率）统统最后一名，且语文落后第一名班级整整15分。两个学期后，我班语文成绩均分虽已达到年级第二，但年级前40%优秀率，不管是语文还是数学，仍是年级最后一名。数学老师换了两位，依然改换不了这种状态。在我当时所在的单位，看一门学科成绩好不好，不是首看班级平均分，而是看年级前40%优秀率，尽管内心觉得这样的评判标准失之偏颇，但我只能适应学校的这种评价方式。科任老师反映上课时感觉不错，回家作业也认真，但一说到成绩，就是不行，这一种不行，简直令人绝望。

如何打造优秀学生，让更多的孩子挤进年级前40%呢？这成了我的思考重点和实践方向。

我当班主任，很少让班长、班干部实行终身制。我一直觉得，班干部终身制，于班主任肯定减少许多精力，只需培养几个能干的孩子，会轻松得多。但每一个孩子都承载着家庭的希望，我要让更多孩子、更多家庭受益，我喜欢采取班干部轮流制，力争在我所任教期限内，每一个孩子都能有为班级服务的机会。

班长的人选，我精心观察，一般一年一换，其余干部一般一学期一换。我一般挑选男生做班长，这是我在班级中"拯救男孩"的第一步。我会挑选一个做事稳重、有号召力的男生作为我班的"精神领袖"，成绩方面不苛求，中等偏上就可。一个好班长，不仅会成就一个班级，更主要的是能带动一个班的男生，让他们积极围拢在他四周，产生一股积极向上的精神动力。红苹果的班长小行是我精心观察、精心打造的。他曾在一所民办学校读过一年级，暑假后转来我校，做了一下学校一年级期末的卷子，语文考了个位数，校长找到我，让我接纳孩子进我的红苹果班。他比其他孩子大两岁左右，人高马大，气力大，稳重懂事，成绩一开始处于班级中下游。那时候，饮水机放在教室，需要班主任装水，我真的装不动，也不好意思总是让男同事来帮我装，我就在同学中物色成员协同我一起装。小行帮我装水，为班级做事，搞卫生，我便让他做了劳动委员。又因为他气力大，人稳重，我故意在班级进行"扳手腕"比赛，让最调皮的男生与他扳手腕，三下两下败下阵来。虽然他从不会欺负男生，但毕竟有这么一个力气大的哥哥，男生们自然对他心生敬畏。我授予他"最具有大哥风范"奖，他在班里的威信越来越足。从纪律委员到男生的班长，当一个孩子总是处于一份肯定中时，他的成绩慢慢从中等偏下到中等偏上，小行成了红苹果班男生的"精神领袖"！

长期在薄弱学校任教，我一直认为只要班主任能把一个班的男孩"忽悠"住，想办法挖掘男生们的潜力，那你的班级的卫生、纪律还是成绩，将会所向披靡。

教了红苹果班，我对此又有了新体验：当一个班级，男生女生都不太行时，首先去打造女生，把全班女生捧在手里，先去点赞女生，表扬女生，鼓励女生，把女生们放在心尖上，成为班主任的左右手，再集中精力打造男生会容易得多。

进入二年级下学期，我开始积极打造女生，想尽一切办法，提高女生的学习积极性。到三年级上学期，优秀人数到达 23 个。

在打造女生的同时，我围绕 29 个男生进行了一个分离—团结—分离的过程。全班有 29 个男生，14 个男生相对省事，11 个男生属于次闹成员，有 4 个特别难搞，问题最大，对班集体的伤害最大，类似于四大金刚之类的"神级人物。"我以鼓励为主，分男女生两套班委，14 个男生在男生领头羊——班长周小行的带领下，成立了一个男生临时班委会，与女生班委进行一对一结对。又让 11 个次闹的男生，与当上班委会的男生进行一对一的师徒帮扶结对，一有进步，师徒共同奖励，大大地调动了这一拨男生的积极性，男生们的学习兴趣日益浓厚，你追我赶，互帮互学。班级的根据地建立了，大方向把稳了。

接下来我有精力和时间开始重点做那 4 个男生的教育诊疗工作，理性地对待他们。教育真的是一种慢的艺术，四大皮王之首是晴晴，教育他，转化他，是一个漫长的等待过程。踩小步子，定小目标，趋步趋行，终于在四年级上学期，他有了进步，在他当上了红苹果班的组长后，精神面貌有了明显的转变。英语、数学老师告诉我，上课时也不用批评他了。

小鑫，红苹果班 4 个最难管的孩子之一，不做作业，老师不在，他和晴晴、小德从来不会认真做眼保健操。有一天，有同学向我反映，小鑫又被扣了一分，我发现他的整张脸发白，我很高兴，扣分事小，从他如顽石一般的脸上读到他那热爱班级的心，还有什么比这更重要的？

小德，一个老师不在的时候学猫叫狗叫的孩子，通过个案诊疗，他在期末考试中考了班级第 11 名（年级第 25 名），他爸爸特意来电给我拜年。年初一，他奶奶又特意来电，对我万分感谢……

进入四年级，红苹果班发生了蜕变，只要学校里的比赛，全都拿了第一名，每周的流动红旗也是全年级最多的，语文的平均分也好，年级前 40% 优秀率也罢，统统年级第一名，成了名副其实的优秀文明班。从"烂苹果班"到优秀文明班，这一段长长的突围之路，也是一段不断播种、不断实践、不断反思之路。绝处逢生，彰显不屈的意志，即使风雨满途，也能在逆境中找到希望，不畏艰难，勇往直前，前方必有新的希望。

基于真情建设"五感班级"

在班主任工作中，我以德育焕发心灵相通为出发点，以提升学生道德境界为价值取向，充分尊重学生的主体地位，将真情与班级德育融为一体，让学生在真情文化的熏陶下，学会用积极的眼光审视生活。基于真情建设"五感班级"，是指班主任不卑不亢，不发脾气，用一种理性态度去处理事件，以一种真心的、真挚的、真诚的态度，与学生达到心灵的契合，通过班级文化、班级事务、班级活动、家校沟通、非常孩子转化五大方面的真心经营，全面打造一个富有文艺感、效能感、温润感、活力感、仁爱感，又富有凝聚力的优秀班级。

建设深厚修真的班级文化，让班级弥漫文艺感

在一个窗明几净、富有深厚文化氛围的班级中，全体学生会自发形成一股浓郁的学习风气，真诚地与同学和老师相处，友好地进行合作，从而促进并加快学生的社会化，学生的道德情操也得到了陶冶。独有的班级元素，与众不同的班级文化，整个教室弥漫着一种润泽的气息。我一直把构建班级独有元素作为一个突破口，营造积极向上的班级文化，滋润孩子们的身心。

每接一届学生，我都会根据学生的年龄特点、年级特点，给班级取班名，谱班歌，创作班诗，制定班级奋斗目标、班训，谱写班级愿景……

取一个人人都爱的班名，根据班名及对他们的希冀，把班训、愿景

等张贴上墙，精心布置与班名契合的中队角，这些显性文化是班级的独有元素，营造了一个滋养孩子们心灵的场域，让孩子们有一种家的归属感。

经营高效真实的班级事务，让班级充满效能感

班主任平时被一些琐碎的杂事困扰。班级事务的管理，主要从建设专职管理员和承包卫生工作入手。

1. 班级岗位包干责任制度

全力打造每一个孩子的能力，相信每一个孩子有潜能管理班级，我学会解放自己，把班级各项事务分派给班里每一个孩子，把班务统统承包出去。新接班级，在第二周，最迟在第三周，出台班级岗位包干责任制度，尽量把每一项事务承包给班里的孩子们，全面培养他们的自主管理能力。

每一项事务安排两个孩子，即后一个孩子为前一个孩子的监督人，当前者不能胜任时，后者将替代，若被替换两次，将在班级中取消各级各类评优资格，做得好的孩子要及时进行嘉奖。优胜劣汰的制度，提高了学生们的责任心。

苏霍姆林斯基说，要无限制地相信每一个孩子的潜力。前两个月，每周专挑班会课让责任人来总结自己履行职责的情况，阐述自己在执行过程中遇到的问题和困惑，以及不配合同学的情况。班主任要做的就是逐步跟进，悉心指点。

2. 把卫生工作提到重要位置

现在的孩子，动手能力越来越差，家中有机器人扫地，年轻的家长们都不会打扫卫生，更别说年幼的小学生了。我把所能想到的班级卫生工作承包给每一个学生，包括每一个角落、每一块瓷砖、讲台的清理等，同时采取打分制，每天安排值周环保员进行评比，并与期末的评选风雅少年相挂钩，以赢得学生、家长的支持。

开展精彩天真的班级活动，让班级富有活力感

小学生喜欢参加各种生动活泼、富有情趣的集体活动。我热衷于开展各种活动，每周一节的班会课，是活动盛宴。班级活动，包括每周一节的班会、队会活动、主题活动，我都会努力经营。

1. 打磨中等生，建设主持团队

中等生，班级中沉默的大多数，一个班级的中坚力量。每带一个班，我精心组织各项活动，想办法打磨中等生，让他们有机会施展才华。我成立一个主持团队，结合平时的语文课，建立了小主持人资源库。主持人招聘，专门安排面试，把朗读较好、有一定表达能力的孩子招募进来，建立主持团，发聘任书，让出色的主持人带队，带动一批中等主持资质的孩子，平时一有机会就让他们锻炼。用进废退，在不断强化、运用中，孩子的主持能力日益增强。

精密安排每一个学期的班队活动，与全班学生商议，共同制定班队活动计划表，安排好主持人，每一期专门安排爱好摄影的同学进行现场拍摄，制作班级美篇。

2. 多元化评价，活动开放个性化

人际沟通能力、艺术创作能力、动手能力等很难在平时考试中体现，在预设班队活动时，尽可能考虑周到些，让更多学生有表现自我的机会。水果拼盘、烧野饭、踢毽子比赛、十佳音乐小达人、书法比赛……立体活动，多维度、多角度，努力成就学生。用发展的眼光看待学生的智力成长，以"人人都能成功"为教育理念，充分了解学生的智力特点，实施个性化活动，多元化评价，只要某一个方面有才能，都能露一手。举办开放性活动，让学生找到归属感。

进行真心实意的家校沟通，让班级散发温润感

1. 抓核心骨干，成立班级家谊会

在班级里成立班级家谊会，一般家谊会核心成员在十位左右。在家长自愿的基础上，挑选一批热情的愿为班做事的能干的家长为家谊会的核心成员，会长的号召力最好强些，并设置组织委员、策划委员、经审委员等，给核心会员做好分工安排。

2. 利用自己人效应，定期开展活动

在家谊会的组织策划下，定期开展一些活动，例如每年年末的聚餐加表演活动、野外烧烤活动、外出参观、春秋研学等。活动前，家谊会要有一个详细的安排和计划，安全工作要有预案，分好小组，核心成员为小组长，参加活动的每一个孩子至少一位家长陪同，确保安全做到万无一失。活动不宜组织过多，一学期一到两次，时间不宜过长，一天即可。在活动中，家长、老师增进了解，增添友谊。利用自己人效应，让家长对班主任的工作更支持和配合。鉴于家长与老师的情谊深厚，若老师有什么不足之处，自然家长也会多包容。

3. 家校联盟，携手共同前进

发邀请书，让进步孩子的家长参加班会活动。比如三八妇女节，邀请班里进步孩子的妈妈来参加班级大联欢，进行亲子表演；又如迎新年活动时，邀请一些进步孩子的家长观看孩子们自编自导的节目，让孩子家长说一说最近孩子的在家表现。这会大大调动家长的积极性。

4. 与时俱进，用好现代媒介

钉钉群、微信群是现代化通信工具，很便捷。班主任可经常利用群与家长进行一些沟通与联系，比如班里孩子的作业情况、纪律情况，班里获奖的信息与家长们一起分享……当然，班主任措辞的时候，要诚恳、客气，要抱着一颗感恩的心，放下姿态，在短信的最后，不妨加上这样的后缀：感谢各位家长，为了让孩子进步更快，让我们一起努力！

5.把握时机，增进交流

班主任平时要善于增加自己在家长们面前出现的次数。比如，放学时，送路队下去，家长来接孩子的时候，班主任可以面带着微笑，满脸阳光地与来接孩子的家长礼貌地打个招呼或是寒暄两句，不要低头走过。当然，许多时候是爷爷奶奶，与爷爷奶奶也要礼貌打招呼。

一个班级可建立钉钉群，平时加强与家长们之间的沟通与联系。可开设班级美篇或公众号，把班级事务、孩子佳作、获取荣誉等发布在美篇或公众号中。美篇的维护，可招募几位志愿者家长来负责，到了高年级，也可招聘几个品学兼优、精通电脑的孩子参与进来，打造一个孩子、家长、老师共同的心灵家园。

转化迷茫无助的非常孩子，让班级洋溢仁爱感

班里杀伤力强的非常孩子，许多时候，有点刀枪不入。班主任常常会有迷茫、无助的乏力感。利用真情，首先与非常孩子建立信任，悉心走进他们的心灵，努力让他们有一种自我提升的效能感。

1.身体触碰，让非常孩子感到温馨

孩子自身的性格、遗传原因、家长不正确的教养方式、孩子所处的环境等不定因素，使得非常孩子成为非常孩子。这些孩子从小听到的就是训斥、批评，他们看不到什么希望，炼成了刀枪不入的破罐子破摔的"铜墙铁壁"。

当孩子犯错误的时候，不要一味地训斥和批评，有的时候，不妨给个拥抱，柔声地告诉他："你是一个好孩子，我相信，你的本意并不想这样。来，告诉老师，到底是什么原因导致发生这样的行为呢？"当孩子做得好的时候，通过握手、刮刮小鼻子等方式来鼓励，如亲人一般，让他敞开心扉，说出他内心的真实所想以及发生不良行为时的动机，然后对症下药，因材施教，有的放矢。

2.心灵触摸，让非常孩子感到温暖

非常孩子的心灵，如茂密的丛林，班主任很难走进去。对他们的心灵进行触摸，打开他们的心门，就离"感化"他们不远了。

给孩子送生日礼物——课外书，午睡时发现孩子没有小被子盖时把自己的被子给孩子盖，当他生病时嘘寒问暖等贴近孩子心灵的手段，能够消融他长期以来对班主任的陌生感。

以真情建设"五感班级"，让每一个孩子都在班级里找到属于自己的位置，让家校沟通更和谐，家长支持力度更强，学生的自我管理更有效能，班主任工作也就更轻松和谐。

第 五 辑

万物皆有趣，万物共生长

让家访焕发浓浓的时代气息

现在社会还需要家访吗？的确，近年来，随着互联网、现代通讯手段的普及，尤其在有了校信通、QQ 群、微信群之后，传统的家访大多被网络、电话访问等新型形式取代，加之某些家长担心家庭贫富状况，父母离婚、再婚等"隐私"外泄，也就有了婉拒老师上门家访的现象。

种种原因，让传统的登门家访渐行渐远。尽管如此，家访的特殊意义又是无可替代的。于是，有些地方的教育行政部门或有些学校以"行政手段"或"纸质记录"等方式来推动"家访进万家"等活动，这种做法的初衷是好的，假如不被老师理解，变成了任务和形式，也就失去了家访的真正意义。

新形势下，家庭教育正处于重要的转轨时期。独生子女的家庭结构很容易带来孩子的个性问题、社会化障碍、非智力因素的欠缺；家庭富裕程度的提高很容易腐蚀孩子，造成他们畸形的消费欲和幸福观；传媒发达和信息爆炸很容易促使孩子畸形早熟，使他们见多识广因而胆大，使他们注意力分散，无法认真学习；社会的开放和宽松势必使今日学生的个性彰显；沉重的就业压力和激烈的竞争水涨船高地提升了家长对孩子的期望值，学校之间的应试竞赛又迫使学校不断向家长施压，孩子和家长都受到了史无前例的压力。"二孩""三孩"政策实施以来，很多家庭迎来了新成员，随着老二甚至老三的出现，亲子关系也出现了微妙的变化。"手心手背都是肉"，对多个子女要一碗水端平，这个道理很多人懂，但如何做到，却是个难题。如何公平对待每一个孩子，如何处理多个孩子之间的关系，是多子女家庭面临的挑战。

上班"995"，家长疲于为生活奔波，无暇顾及孩子。有些孩子简直没有孩子样，任性，以自我为中心，不懂规矩，没有责任感，不会与人交往，不注意听讲，不愿完成作业……这些毛病，大多根子都在家庭。

面对新形势，如何根据家长的实际和学生的需要，进行合适、得体、有效、温情的家访，让家访成为家长和学生的期待，成为教师和家长、学生情感交流的纽带？

正装约谈：新时代的高效"家访"

现代社会，最宝贵、最奢侈的是时间。家长们居住的大多为单元楼房，硕大的小区，要找几号楼几单元，着实有些不容易。家长又是等，又是电话询问，浪费了时间，效率也比较低。

那就不妨与家长约定个时间，在学校找一个僻静的会议室等既安静又较正式的地点，来个约谈。

教师穿上校服或西装等正式服装，男教师系上领带，女班主任轻抹口红，营造出一个正式、隆重的场合，按照事先发下的通知，与家长约定具体时间，进行约谈。

××家长：

请于下周三下午两点，准时在学校行政楼三楼会议室和班主任围绕您孩子的学习情况、在校表现等进行沟通交流。您有哪些问题想咨询老师或与老师沟通，请及时准备好。时间20分钟。

回　执

您能准时赴约吗？您最想交流的是孩子哪几个方面的问题？请简单罗列一下，班主任好及时准备。

_____

因为有了回执上的内容，班主任可以根据家长的要求，以及家长感兴趣的话题，做一些约谈前的准备。在平时的教育教学生活中，要看到该孩子的一些优点和不足。可对孩子学习、习惯及家庭教育提一些真诚的建议，言简意赅地与家长进行沟通交流。约谈时，班主任把握好时间，时间上下浮动不要超过五分钟，态度要真诚。这也是国外比较流行的一种学校约见的方式。

　　我在班级里也运用过，每隔两周安排一个课少的下午，邀三到四位家长进行正装约谈，主要与班里一些平时不太善于与老师打交道，在QQ群中、微信群中发言少，孩子的学习、生活习惯较差，学习成绩也较弱的孩子家长进行约谈，效果比较好，得到了家长们的肯定。同时，又省却了许多上门家访的时间。

上门沟通：新时代的有效家访

　　真的不可否认，上门家访也是班主任对家长、孩子的一种有效投资，班主任亲自登门访问，给孩子带来的鼓励、激动、亲切，是其他的现代媒介都达不到的。当然，家访要把握好一条原则，那就是尽量不要在家长面前告状，尽可能抱着欣赏的角度，多鼓励孩子，再委婉地提出一些建议。

1. 对"弱势孩子"的上门家访，旨在鼓励

　　对班里表现不上乘，或作业不认真，或不爱劳动，或学习成绩较差的孩子，班主任应抽出时间上门家访，与家长推心置腹地交流和沟通。这些孩子的家长，平时因孩子在校的表现较差或成绩较差，较低调和自卑。班主任若能亲自上门看一看，真诚地与家长、孩子沟通一下，多谈

谈孩子的优点，听听家长的心声，会拉近与家长之间的心理距离，给孩子更多的温暖和鼓励。

我班的小 D，行为习惯差，特别好动，字迹非常潦草，在学校不遵守纪律。当他与同学发生问题时，他总与宠爱他的爷爷奶奶说与事实不相吻合的话。特别溺爱他的爷爷奶奶在家忿忿不平，当孩子的妈妈教育引导孩子的时候，爷爷奶奶总是竭力维护孙子，觉得孩子在学校好动，不认真听讲，是因为孩子过敏的问题。在这样的情况下，我主动上门家访。先告诉爷爷奶奶，孩子很聪明可爱，老师很喜欢，然后委婉、真诚地说出孩子的不足。他爷爷奶奶知道了原来孩子在家沟通时总站在对他来说有利的一面，对孩子的成长并不利。爷爷奶奶主动告诉我，以后让孩子爸爸妈妈去管。

上门家访，也能帮助班主任找到孩子学习、习惯不够理想的原因，从而更加有的放矢地指导家长的家庭教育。

2. 在"特殊情形"下上门家访，旨在帮助家长解决问题

在教育教学过程中，总会遇见一些特殊的情况，比如：当孩子生病一周未上学时；当学生的情绪出现比较大的波动时，比如厌学或者性格突然变化时；当学生在学校与同学发生比较大的冲突时；当家长遭遇到了困难，没办法解决，向班主任求助时……这样的时刻，班主任再忙也要上门家访。

曾经遇见一个孩子在兴趣班拿了老师漂亮的手机，孩子妈妈哭着向我求助，不知怎么办。这样的拿东西的情况，已是第三回了。我理解妈妈的焦灼和无奈，赶紧放下年幼的孩子，及时到她家进行家访。利用我的专业知识，先向爸爸妈妈了解孩子的情况，以及前两次妈妈的教育方式，然后单独在房间里真诚地跟孩子交流："今天老师不管小弟弟，不是为了来批评你，而是来帮助你的。请你告诉我真正原因，为什么拿手机？"孩子说："就是觉得漂亮，想拥有，自己也知道不对，但就是控制不住，不拿，睡觉都睡不着。"孩子的家庭条件好，在家总是想要什么就有什么，柜子里堆满了孩子的一些高档玩具和用品。我让孩子妈妈调整

策略，不能孩子喜欢什么就给她买，延迟满足对孩子的成长很有帮助。也教了孩子几种战胜自我的方法，实在控制不住的时候，来与我沟通。有效的家访和指导，让家长、孩子和老师变成了一个同心圆。孩子从那次家访后彻底改掉了拿别人东西的毛病。

3. 上门家访时，尽量把握两条原则

（1）做好准备工作，不打无准备之仗。

班主任在去家访之前，要做好准备工作，家访的时间不应过长，控制在半个小时左右为宜，事前要理清谈话的重点，即要想好选择到该孩子家中家访最想与家长沟通的是什么。一般而言，在通信如此发达的情况下，我们要家访的对象大多为"比较难教育"的孩子，或者是觉得家庭教育方面存在着某些问题，或者是交流中感觉到家长的教育方式很独到。

（2）不要告状，多肯定孩子的优点。

尽管是"比较难教育"的孩子，但班主任上门家访，要尽可能先在家长面前多肯定孩子的优点。比如说："您家孩子很有礼貌，我们看着很喜欢。""您家孩子在劳动方面非常积极，不怕脏不怕累，这一点您培养得真好……"找到孩子的闪光点，多肯定孩子。家长听到这样的话，一般都会放下弦来，会说，这个方面是好的，就是那个方面……然后，班主任顺着家长的话题，切入正题，委婉地提出孩子的问题，剖析给家长听，问问孩子在家里的表现，再和家长说，我们一起来帮帮他，想想办法看。这样的话语，家长都能听进去，觉得班主任今天来家，是真心在帮助自己家的孩子，班主任提出的一些建议，家长也就能听进去了。

把握"偶遇"：新时代与家长沟通的良机

在生活中，我们经常会在一些意想不到的场合与家长不期而遇，这其实是我们与家长进行沟通的良机。甚至有些时候，在放学的学校门口，也可与家长拉拉家常，聊聊孩子。

这种偶遇交流，家长大多没有戒备心理，不会显得拘谨，容易把最真实的一面显现在我们前面，我们也能获得一些预想不到却又十分重要的信息。班主任的平易和关切，会让家长感觉到班主任的亲和，进一步增加感情。

　　放学带班级到门口时，还有少部分孩子家长没来接，我带着孩子在等待，而一些孩子因放学了在教室搞卫生还没下来，等待的爸爸、妈妈或奶奶站在一边，我常常会与他们聊聊天，说说孩子的近况。小C是个聪明可爱的孩子，但因单亲家庭，从小爸爸不在身边，缺少了一点阳刚之气，某天，还拿着一支针在学织毛衣。他奶奶看孙子还没下来，赶紧问我："许老师，我家小C怎么还没下来？是不是不乖被留了？"看着他奶奶担心的神情，我赶紧说："没有！你家小C很乖的，学习成绩又好，能力强，看着真喜欢！今天在帮忙搞卫生。"听我这么说，他奶立刻脸上堆笑。"谢谢老师！在家不听话，有点不乖！"她客气地说。"这个宝贝在家织过毛线吗？"我问奶奶。奶奶说不知道，没看见过。我对奶奶说："他在学校看见女孩子在织毛线，他也去织。男孩子织也可以的，但怕别的大人闲言碎语，注意对孩子的心情的引导哦！"我与奶奶半开笑地说。"知道了！知道了！谢谢许老师对我家小C的关心。"……

　　在校门口、超市里、大街上遇见家长时，时不时地聊几句，家长觉得班主任很有亲和力，也很喜欢这样接地气的班主任。虽不上门，胜似上门。

　　新时代，新家访，让家访焕发浓浓的时代气息吧！

抱团前进，在班主任工作室平台上幸福成长

从 2012 年 9 月开始成为浙江省首批班主任工作室领衔人，嘉兴市十大名班主任工作室负责人，到现如今的浙江省名师网络工作室负责人，杭州市余杭区班主任工作室主持人、余杭区"双领"许丹红工作室主持人，从嘉兴到杭州，区域变了，教育情怀和热情依然，我带工作室已走过十几个年头，从最初的工作室挂牌、招收学员，到每一个工作室的活动有序推进，再到物化成果积累……在省市区各级领导的引领和指导下，在趋步趋行的摸索前进中，工作室线上线下活动开展得如火如荼。十多年来，我本人和学员们通过工作室这个平台的锤炼，取得了不俗的成绩。我本人与工作室共同成长，被评为全国优秀教师，全国中小学优秀德育工作者，浙江省德育特级教师和正高级教师。有三位学员评上了德育正高级教师，有八位学员获得了浙江省班主任基本功大赛一、二等奖，有十人成为市名师，有五人成为市级班主任工作室负责人，更有不少的学员在省市德育论坛获得荣誉。我的省级工作室被评为浙江省优秀班主任工作室……我和我的团队在班主任工作室这个平台上互相激励，共同成长。

建立学习共同体，彼此取暖

依托省市区域德育研训模式，工作室学员为市所在的区教育局推荐的优秀班主任。面试学员时，采取的是类似《中国好声音》的双向选择，既有导师选学员，也有学员选导师，志趣相投，心息相通，有共同的发

展愿景和研究方向，与其说工作室成员之间是一种师徒式关系，不如说我们是一个学习共同体，有着共同的"做幸福班主任"的愿景，克服职业的懈怠，努力享受做班主任的幸福和乐趣。而我，只不过是这个团队中的一个领军人物。我们有共同的规则，有互惠的效益，即班主任专业成长目标的达成。我们这些"平凡的普通人物"因着共同的寻找职业幸福的爱好，相聚在一起，彼此鼓励，彼此取暖。

1. 网络跟进，建立社群，定时沟通

确定学员后，马上建立社群，从一开始的 QQ 群到后来的微信群和钉钉群，每周三下午，大家相聚网络，聊生活，聊孩子，聊工作，聊自己的爱好……只要是积极向上，富有正能量的，都是可以聊的。每周三，我专门安排了两位学员进行值周，转发一些发人深思的教育美文，并尽快地让这个团队中的人员熟悉起来，烘热团队氛围，让学员们感觉这是一个心灵静养之地。

2. 撰写阅读史，全面剖析自己

朱永新老师说，一个人的阅读史，就是他的精神发展史。为了让每一个学员更好地了解自己，剖析自己，思考自己的未来，更好地前进，每次带工作室，我都让每一位学员撰写自己的阅读史。在回顾中，学员们更加明白自己内心的真正所需。

父亲是我的启蒙老师。回想起来，我识字的年龄应该也不算小了，七岁吧。我的启蒙教材是父亲小学时代的教材。我们的生长时代，与现在孩子的略有不同，那是一个物质匮乏的年代，尤其在乡下，书是极少见的东西，少儿读物根本没有。我们家里有父亲少年时代在文艺宣传队里排戏的"样板戏书稿"，那当中的一个个现代京剧样板戏故事，如《红灯记》《智取威虎山》，我在很小的时候就已经读得滚瓜烂熟了。小时候家里还有一本《农家万宝全书》，是我的至爱，因为那里面有谜语、歇后语、成语、对联，有怎样加工农副产品——虽然没有素材来加工，但是看看也让人馋涎欲滴，有怎样织毛衣——虽然说来惭愧，我到现在还不

会织毛衣，但不妨碍年少的我对这本书的喜欢。以至于后来这本书不见了，我去年想起来，又到旧书网上去买了一本。这也是少年时代的一个情结吧。

——摘自学员徐利萍的《学生时代和阅读有关的那些事儿》

夜深人静的时候，梳理自己读过的一些书，就像在回忆自己走过的一些路一样，觉得特别有意思。真的要感谢许老师，别出心裁的命题，给人的收获却是沉甸甸的。静静地看着书柜里一列列的书，脑海里一个个美妙的镜头一幕幕地闪现，那种感觉呀，真的好温馨。我就像在重走自己的心路历程。但是和大师比起来，我所读的书真是凤毛麟角，很是惭愧。接下来的阅读，我该挑战一些根深蒂固的习惯，如阅读思维上的定势，阅读心理上的对象偏好等，都将是全新的挑战。很喜欢屈原的"路漫漫其修远兮，吾将上下而求索"这句诗，我愿做一个行走在育人路上的读书人。

——摘自学员鲁琦的《以书为友　悠哉悠哉》

在交流和分享自己的阅读史中，学员们欣喜地发现，回顾自己的阅读之路，实则在救赎自己，要想在专业道路上走得从容，就需要不断阅读和汲取。这一次回顾，学员们郑重其事地告诉我："从今天开始，要多阅读一些有益书籍。"

3. 推荐教育书籍，研究习得能力

专业技能的习得，非常重要。我们提出了学习新理论、新方法的要求，要求工作室学员集中学习班主任专业知识，完成班主任专业发展的理论建构。考虑到学员们对高深的理论专业素养的书籍暂时不感兴趣，我遵循循序渐进的原则，推荐了一份班主任专业的阅读入门级书单。

必读书目：

1.《给教师的一百条建议》，苏霍姆林斯基著

2.《做一个专业的班主任》，王晓春著

3.《致青年班主任》，张万祥著

4.《第56号教室的奇迹：让孩子变成爱学习的天使》，雷夫·艾斯奎斯著

5.《小学班主任的78个临场应变技巧》，许丹红著

推荐书目：

1.《教育智慧从哪里来：点评100个教育案例（小学）》，王晓春著

2.《孩子们，你们好！》，阿莫纳什维利著

3.《学校是一段旅程》，托灵·M·芬瑟著

4.《教育西游记》，钟杰著

5.《特别的女生萨哈拉》，爱斯米·科德尔著

6.《爱心与教育》，李镇西著

7.《你能做最好的班主任》，陈宇著

8.《班主任工作创新艺术100招》，张万祥著

9.《魅力班会课》，丁如许主编

10.《魅力女教师修炼记》，张曼凌著

杂志：

1.《班主任之友》（小学版）

2.《班主任》

3.《教师博览》（文摘版）

我要求学员们必须精读苏霍姆林斯基的《给教师的一百条建议》和王晓春老师的《做一个专业的班主任》。至少每个月完成一本教育专著的阅读，及时在网络上进行书籍的探讨，作为一种阅读的推进和跟进，每月召开一次读书会，锻炼学员们的演讲能力，督促他们认真阅读。学员们从原来的玩手机比较多，到慢慢嗅书香，阅读的习惯和方式在慢

慢养成。

4.每月特别案例的研讨

每个月 5 日晚上 7 点到 9 点（有时因有事，可能也会做些调整），是每月一次的特别案例的研讨时间。我们采取每月轮流定主题的方式。每位学员选取班级或学校最典型的特别学生的案例，也可以是自己家庭教育的事例，在网上集中研讨。除非真的有事，一般情况下，学员不请假。一般带学员一轮为三年时间，我们将进行 20 次左右的特别案例的网络探讨，涉及各种类型的"问题学生"。在热烈的研讨中，在后期案例跟进中，学员们的育人水平、班主任专业化的水平提升迅速。

确定研究方向，定期扎实开展工作室的实践活动

班主任工作室有利于创建真实的教学环境，让学习者带着真实的任务去学习。基于工作室的区域德育研训模式实施过程中的学习形式，可以有常态化的自主学习、参与式的交流探讨、互动式的观课辩课、多主题的资源共享等。我工作室的研究方向为"主题班会的开展和班本课程的开发"。

根据研究方向，工作室每个学期开展两次及以上的实践活动，是雷打不动的保留项目。实践活动的开展非常正规，有嘉兴教育学院的专门文件通知，一般能得到相关县市教研室的支持。承办的学校为我所在学校或学员所在学校。十多年来，我们共开展了 150 多次题实践活动，有主题班会课的展示和研讨，有教育小故事的演讲，有班级文化、班本课程的开发与建设汇报，有与兄弟工作室的联谊活动。我们工作室去农村，去偏远地区，去海岛送教……每到一处都受到了当地学校班主任和教研部门领导们的好评。学员们和我在这样的专业磨炼中快速成长。

主题班会是班主任进行思想道德品质教育，形成良好的班风的有效形式和重要的手段。为此，我工作室把提升班主任组织和实施主题班会的能力作为一个重要的培养目标。我们以"打造魅力班会课"为主题，

采取上课、说课、辩课的方式，畅所欲言，提升老师们上班会课的能力。因为这样的探讨和研究，工作室成员探索班会课的能力提升很快。我应邀去惠州、深圳、遵义、杭州、龙游等全国各地展示班会课 20 多次，老师们的班会课开始在本地小有名气。

班主任实践经验的提炼和介绍，也是工作室实践活动的另一个重头戏。每次实践活动，我都安排几位老师，介绍自己班级建设的亮点和出彩之处。教育小故事讲演、情景事件擂台赛等班主任基本功的实践展示，更是给全体工作室成员一个锤炼的好平台。在这样的实践展示中，在这样的整理和分析中，深入探讨和交流，提升了学员们的专业化水平。

鼓励参与各种展示活动，推进德育教科研的探索

在班主任专业化的探索上，除了积极探索主题班会课，每位学员都要至少有一节较成熟的经典班会课例，还要求每位学员积极撰写德育论文、案例，争取获奖（县市级以上）或公开发表。人人都能有一个德育课题，若没有能力在县、市立项，保证在学员本校拥有一个德育课题，对自己感兴趣的问题进行深入思考和探索。

我鼓励学员们积极参与各种交流展示的平台，在交流中磨砺，形成良好的转化习惯和学习倾向。

1. 参加县区市班主任、德育论坛

县区市的班主任、德育论坛，我总是第一时间积极鼓励学员参与。当有学员参与论坛时，讲稿放在室群中共享，专门抽出时间一起研讨。徐利萍老师曾在嘉兴市班主任论坛上被深度访谈。她优雅的谈吐，新颖的带班理念，创新的带班方法，获得了市德育教研员严昕老师的高度评价。另有孙巧玲、刘扬、周娟等多位学员在班主任论坛上大放异彩。

2. 参加省市班主任基本功大赛

浙江省班主任基本功大赛是由浙江省教育厅组织的，每个县级市、地级市非常重视。每年的基本功大赛，我都鼓励学员们积极参加。整个

比赛中，学员们都会经历赛前准备、赛中历练和赛后交流三个环节。备赛的过程中，理论考试推动工作室学员进一步研读德育理论书籍，熟读相关政策法规；主题班会教案设计强调用针对性的活动去解读；教育小故事的演讲和情景案例的处理，则让学员们思考现象背后学生的需求，并能体现教师的转化力。备赛的过程就是学员的学习过程。李春梅、丁建飞、裘佳倪、陈娇获得了浙江省班主任基本功大赛的一等奖，孙亦华获得了省基本功大赛二等奖，都锦梅获得了省班主任基本功大赛的三等奖。还有数位学员在地级市和县级市中赛出了佳绩。比赛唤起了全体工作室成员学习德育理论和钻研业务的热情。

3. 积极参与各种层面上的展示

平时鼓励学员们，一有机会，就要积极展示自己的才华，抓住机会，去展示班会课、评课或作讲座，努力提炼自己的班主任工作的亮点和特色，在当地成为班主任工作的一张新名片。徐晓莉、刘海勇、都锦梅获评浙江省德育正高级教师，孙亦华出版两本班主任类专著，徐晓莉、高瑶琼获浙江省中小学师德楷模，孙亦华、鲁琦、都锦梅、陈寒英、孙巧玲等老师成为市级名师，徐利萍、孙巧玲老师受邀到多所学校传授班主任工作经验……学员们纷纷踏上了一条飞速发展的德育专业快车道。

万物皆有趣，抱团共成长，我带班主任工作室走过十几个年头，唤醒了一批批的学员。他们把班主任工作室这个平台当成了切磋带班艺术专业成长的心灵家园。一群志同道合的人相聚在一起，抱团前进，彼此取暖，朝着"做幸福班主任"的共同愿景，共读共生共研共究，扎实有效地推进了班主任专业化学习。

在专家、名师的讲座中汲取做班主任的营养

　　我是一个依靠自我驱动发展起来的班主任，而不是传统意义上借外力推动成长起来的班主任，我分外珍惜来之不易的外出学习和培训机会。

　　2011年当我直接从桐乡德育学科带头人考上嘉兴德育名师后，我有幸跟随嘉兴教育学院的名师培养工程的步伐，去全国各大师范院校参加培训，开阔了我的眼界。我格外珍惜拥有这样的学习机会和平台，每一次外出培训，我必入座第一排，逼迫自己不去看手机，全身心投入聆听讲座，汲取教授、名师的讲课精髓，认真记笔记，认真反思，及时去回顾。同时，我注重网络学习，逼迫自己每年认真聆听全国优秀同行的讲座，在向优秀专家、名师、同行学习的过程中，丰富自己的灵魂，给自己以启迪，以前进的动力。在2018年评上特级和正高之后，我依然不敢停下前行的脚步，我知道，专业成长的脚步一旦停止，就处于一种落后的状态，想要再拾起，就会觉得分外艰难了。

聆听讲座，落座前排，不关注手机

　　现在的年轻班主任同行们，赶上了一个好时机，从国家层面到省市区学校，对班主任的培养格外重视，浙江省还专门以省厅名义出台了促进班主任专业发展的文件，班主任专业化已与语、数等大学科地位等同，甚至更为重要。各级班主任工作室活动、班主任类培训层出不穷。班主任专业化发展处于一个繁花盛开的鼎盛时代。

　　这些年有机会去全国各地给年轻的班主任同行作培训，一开始前二

排往往是空着的，更多时候需要主办方安排才会有老师就座。

　　曾经在百度新闻上看到两张图片：一张是 21 世纪初，一个人躺在榻上在吸食鸦片；另一张是 21 世纪了，一个人捧着手机在看。看到图片时我深有感触，外出时，无论是在高铁上，还是在飞机上、地铁上，很少看到有人在读书，大都捧着手机低头在看。乘坐自动扶梯时，都有不要看手机的提醒声。我自己也一样，一刷小视频就停不下来。

　　聆听讲座时，如果我们落座前排，逼迫自己不刷手机，全程认真聆听，会很有帮助。许多时刻，我们一旦就座在后面，很容易开小差，悄悄刷手机，逛个某圈，刷个某书，时间"唰"地一下过去了，讲座结束了，你可能只是完成了培训，收获却极少。倘若我们落座前排，逼迫自己不玩手机，便可全程投入，吸收讲座营养，充盈自己。

　　我在三届嘉兴名师外出聆听讲座时，常常抢着入座前排，目的就是逼迫自己认真聆听。真的，入座前排，益处多多。

利用工具，及时记录，注重积累

　　外出参加培训，如果遇见专家愿意分享课件，那就很幸运，也有专家不愿意分享课件，其实也可以理解，专家所讲内容一般为最新研究成果，分享出来实在不舍得，有些学员还会外传甚至上传网络，知识产权的维权就很难。我也常常遇到这样的事情，自己的课件分享给学员后，就出现在了网络上，维权太花时间，只好听之任之。后来，就再也不想分享课件了，若实在拗不过主办方，就分享一个删减版课件。

　　外出学习，建议年轻同行们带上电脑或者平板，把对自己有启发的课件用手机拍下来，借助会场网络或手机热点，利用微信上传到文件传输助手拷贝下来，快速保存到 WPS 文档中，再配上学习心得与感悟，等专家讲完，我们的图文并茂版的听课笔记就已整理完毕，相当高效。

　　我们可以建立一个文件夹，以时间命好名，分门别类放好，当我们需要反刍时，再拿出来读读。

温故知新，及时反刍，写点反思

外出聆听讲座，往往当时心情澎湃，想赶紧跟着去做。一天，两天……回到原单位，工作忙碌，事情一多，等热情退去后，依然是过去的老船票。我记得很清楚，在 2023 年 11 月的千课万人讲座现场，一位来自湘潭的老师，聆听我讲座之后，当即上来抱拳喊我师父，心情非常激动，说她听到了她此行最爱听的内容，同时加了我微信，可后来再也看不到她只言片语的问询与交流。我想，这就是典型的听时激动，没有具体行动的一个典型例子。

及时反刍，写聆听后的收获和感受，经常翻翻看看，逼迫自己不断用行动去探索、去实践，是一种好方法。我去宁波给俞成效名班主任工作室作讲座，他先组织了工作室学员共读我的专著《不吼不叫，做智慧班主任》，一位老师对我的专著中给学生送诗甚为认同，在班级里也实践送诗。几个月后，我讲座时，她把孩子们创作的诗歌，以及送诗带给孩子们变化的照片赠予我，并激动地告诉我，送诗让班风班貌、孩子们的精神状态有了明显改变。这也是我第一次遇见这么有心跟随我的专著去实践的老师。

从没一场报告这么俘获我的心，从没一场报告让我的心底如此的荡漾，从没一场报告让我听了有流泪的冲动……坐在嘉兴紫阳酒店那有点简陋的报告厅第一排的正中座位上，我竖起耳朵，全息凝屏，静静地聆听着丁榕老师那情感交融、声情并茂的报告——《做一名幸福、快乐、有成就的班主任》。

真的，我被深深地打动了，被眼前这位已经 66 岁的长者深深地打动。整整六个小时，她坚持站在台上，握着她的遥控鼠标，用她那具有舞蹈功底的和谐的肢体动作，用她那沙哑的嗓音，绘声绘色地讲述着她从教将近五十载一个个生动鲜活的事例……

朱永新老师说，总有一场报告会打动你的心。是的，这是一场凝聚着丁榕老师几乎毕生教育艺术的报告，让我听了感触深深，心海澎湃。

感动之一：只为成功想办法，不为失败找理由。

丁老师结合自己的教育经历，讲述了她做一名幸福、快乐、有成就的班主任，共分为五个阶段——择业、创业、乐业、敬业、爱业。

首先她描述了她的择业。她出生于美术世家，她的家人都是中央美术学院的知名画家。美术专业的她，梦想就是成为一位画家。没想到的是，20世纪60年代中学教师奇缺，周总理号召知识青年到中学从教，她就放弃了自己成为一位画家的梦想，成了一位初中语文老师。第一年，她还带了学校的体育田径队。她讲述了她那曾经的满腔青春热情。在从教语文的道路上，并不是一帆风顺，但是丁老师说，不论做什么，都要做最好的自己。接受改变不了的，改变你能改变的。这样的理念，让她非常坦然地接受了自己是位初中语文老师的现实，她从努力上好第一节语文课开始，孜孜不倦了一辈子。她接着讲述了创业过程中的种种辛苦，她又是如何笑着战胜这些困难的。她说，幸福不是结尾，而是过程，只为成功想办法，不为失败找理由，在苦中寻找乐趣。这是她在创业阶段的所为。在乐业阶段，她说老师要做好六种角色：1.做老师，为人师表；2.做父母，无微不至；3.做姐妹，亲密无间；4.做朋友，心心相印；5.做大夫，治病救人；6.做心理咨询师，走进心灵。严中有爱，爱是基础。第四个阶段为敬业，她说，她不重复自己走过的路，没有一节班队课是一样的，努力做一个创新的老师。她带的学生的信、贺卡、作文全都收集起来，退休以后，第一件事，就是分类整理。第五个阶段就是爱业，她把班主任工作当作事业来经营。她的同学后来几乎都离开了教育岗位，大多成了画家，只有她一人依然坚守在教育岗位上，她觉得非常有乐趣，成了一位享受国务院政府特殊津贴的特级教师。

感动之二：从人格的角度开发人，变性格劣势为优势。

丁老师说，每一个学生在性格上没有优缺点之分，只有优势劣势之分。一场运动会，她能充分发挥各类人才的特质：让胆汁质的孩子做运动员，让多血质的孩子参加啦啦队，让黏液质的孩子写新闻报道，让抑郁质的孩子搞情报工作，到别的班级打探情况。听到这里，在座的每一位老师都情不自禁地笑了起来，被丁老师的教育智慧打动。

她班里有一个抑郁质的孩子，特想考北大考古系，但他妈妈坚决不同意，要他读外语系。丁老师上门帮助孩子做妈妈的思想工作，妈妈一开始坚决不答应，丁老师反复劝说，说这孩子不喜欢说话，非要他读外语系，那不是把他往绝路上逼啊？妈妈终于答应了。结果，那一年，报考北大考古系的就两个人，他直接升研究生，唯一一个去日本留学的名额也让他占了，现在成了考古专家，出书了，在他喜欢的岗位上做着贡献。

丁老师说，任何一个人、一件事，都有两面性，在工作中我们要努力学会换一个角度看问题。她教的一个孩子喜欢拿别人的东西，她帮助他想了许多的办法，可还是改不了。最后，丁老师另辟蹊径，从另一个角度去看小偷——胆大、心细。于是，就天天在这个孩子的耳边灌"你是外科医生，你就是外科医生"，同学、家长也说他是外科医生，后来，他果真成了外科医生。

一个个翔实的事例，一句句发自肺腑的话语，在每一位听课者的面前，铺开了一个教育的长卷，那就是用爱心、智慧、奉献、魅力、创造、激情编织而成的发展型的新时代班主任。

上面的文字，是我十几年前聆听全国德育名家丁榕老师讲座时的部分感受，但凡聆听到让我感触很深的，我都会记录下来，不时进行反刍、回顾，以更好地吸收专家、名师的营养，给自己前进的力量和勇气。

爱满天下

——从大爱陶子身上学到的

真正接触陶行知老先生的思想是在 20 年前，我刚调进中山路小学的时候，学校为大市级学陶示范学校，每年有一个"爱满天下"杯征文活动，我只是简单地查找些资料，那时办公室电脑尚未通宽带，家中尚未买电脑，故没细细研究。学校有陶行知的资料，因理论枯燥，一翻就悻悻作罢。学校聘请了陶的传人——一位 70 多岁的老人来讲课，我第一次知道了"四块糖果"的故事，第一次了解陶老的种种。那时的我受周围大环境的影响，听报告时注意力不够集中，心不在焉，再加上老人的普通话不标准，时时开小差。惭愧！

同年 4 月，在振兴西路小学聆听了汤翠英老师的报告，那时的我，内心的求知欲望已被激发，浑然不顾边上同事的窃窃私语，认真专注听着，记着，回家后专门整理了听课笔记，那是真正意义上第一次感知陶老先生的思想。

同年暑假，我去学校图书馆借阅了《陶行知现代教育文选》，决心趁着暑假细细地品读和研究。

之后，在教育在线论坛里，在李镇西老师的文章里，在陶老先生的家乡纪念馆里，在南京行知小学杨瑞清校长的报告里，在上海的陶老纪念馆里，在各种教育的场合……都深刻感悟着陶老先生的教育思想。越走近陶老，越对这位散发着泥土芳香伟大的教育家发自内心地敬仰。

爱之源：教育孩子善待身体

陶老先生爱学生首先是爱护学生的身体，他把身体的健康作为第一条件，要求建立起健康的堡垒。

他的理论与我们现在提出的"生命的呵护"完全可以对应起来。而我们的学生，在家长的宠爱下，蛮横、霸道，时不时在家以不吃饭威胁家长。我曾经在自己班上搞过调查，竟高达三分之一多的孩子，以虐待自己的身体而来达到自己的目的，缺乏对于生命的珍爱。当然，这属于非典型性调查，也并不权威，但也说明了一个情况，我们的孩子对于如何爱护自己的身体，还需要走一段很长的路。

俗话说，留得青山在，不愁没柴烧。爱学生首先要从教育学生爱护自己的身体开始，善待自己的生命，珍惜生存的环境，让自己拥有一个健康的身躯，那是一切爱之源。

爱之本：重视孩子的情感体验

陶先生说，小孩给您一块糖吃，是有汽车大王捐助一万万元的慷慨，他做了一个纸鹞飞不上去，是有齐柏林飞船造不成功一样的踟蹰，他失手打破了一个泥娃娃，是有一个寡妇死了独生子那么的悲哀，他没有打着他讨厌的人，便好像罗斯福讨不着机会带兵去打德国一般的怄气，他受了你盛怒之下的鞭打，连在梦里也觉得有法国革命模样的恐怖，他写字想得双圈没得着，仿佛是候选总统落了选一样的失意，他想您抱他一会儿，可您偏去抱了别的孩子，好比是一个爱人被人夺了去般的伤心。

描绘得多么传神呢？可是，我以前真正地走进孩子的内心了吗？我总是凭我自己的感受，我行我素，架起一副师道尊严，高高在上。当孩子遇到了伤心的事情时，总是只是简单地劝慰他："你怎么如此不坚强呢？"浑不知孩子的内心正翻江倒海呢。孩子是一个独立的个体，他有思想，有个性。我学会共情了吗？学会设身处地为孩子思考了吗？

"人人都说小孩小，谁知人小心不小。您若小看小孩小，便比小孩还要小。"这一首《不小歌》就是告诉我们要尊重孩子，走进孩子的内心，与他们一样，也要做一个小孩子，站在他们的角度，蹲下来看孩子，让师生成为亲密的朋友，学校就会变成乐园。与孩子一块儿玩，一块儿做，谁也不觉得您是先生，您便成了真正的先生。

爱之根：激发孩子的创造思维

陶老先生最反对读死书，死读书，读书死，他认为新旧教育的区别就在这里了。人生两个宝，双手与大脑，旧时代可以不动脑，新时代则非脑手并用不可，光学而不做，或是光教而不做，都不是彻底的教育。由此，他重视课外的生活教育，让他们多受一点科学的训练和生产的训练，从小的时候就进行教育。

他有名的儿歌有：

我是小盘古，我不怕吃苦。我要开天辟地，看我手中双斧。（《小盘古》）

我是小牛顿，让人说我笨。我要用我的头脑，向大自然追问。（《小牛顿》）

我是小工人，我的双手万能。我要造富的社会，不造富的个人。（《小工人》）

他的六大解放：

解放孩子的头脑，使他能想；解放孩子的双手，使他能干；解放孩子的嘴，使他能谈；解放孩子的眼睛，使他能看；解放孩子的空间，使他接触大自然；解放孩子的时间，使他能拥有自己的空间。

这些都是符合当代的减负工作的，让孩子拥有一个空间，而不是死读书。遗憾的是，目观当前许多老师，包括我自己，却很难做到这一点。给孩子拼命地布置作业，一到考试拼命地搞题海战术，搞得学生身心疲惫。"双减"到今天，孩子们的作业真正少了吗？发展孩子们的思维了吗？想到此，不由得背上一阵凉意。

爱之泉：变化多多引孩子

我印象最深刻的是陶先生说，师范生的第一变——变个孙悟空。的确，在教育教学中，一个富有变化、高招无穷的老师才能吸引孩子的注意力，老师要如孙悟空般懂得七十二变，拜学生为师，保佑他，呵护他，让孩子成为一棵茁壮的大树。

当然，还要变成一个小孩子。通常，正如他所描述的，我们常常会说："小孩子你懂什么？"在这种态度下，牛顿被认为是笨蛋，瓦特被认为很凡庸，爱迪生被认为是坏蛋。

我们先变成小孩子，才配做小孩子的先生。在平常的教学中，我们要学会换位思考，认真体验孩子的情感，变成一个多体谅孩子，与孩子一般大的老师，教育的成功就离我们不远了！

我曾经写过一篇文章《努力变个孙悟空》，谈到教育孩子更需要智慧。每一位老师都应该学做孙悟空，保佑唐僧（学生）去西天取得真经，修成正果。如孙悟空一般，无怨无悔，不求回报。

向书中的老教师们看齐

一地的葱翠和淡雅，浅绿和淡黄交融在一起散发的清新，酣畅淋漓地渲染了一林的蓬勃生机。"老圃新歌"这四个遒劲有力的黑字，带来了满满的稳重和一种生命年轮的淡淡沧桑。当我看到这本书的第一瞬间，遂被书的封面吸引，迫不及待地轻轻掀开。

一卷在手，我细细地品味，一颗心随着油墨清香的白纸黑字澎湃不已：一个个鲜活的名字，代表着那个最艰苦年代里一位位"30 后""40 后""50 后""60 后"老教师们曾经的青春热情、无私奉献；一篇篇朴实的文章，凝聚着一位位退休老教师曾经所有的孜孜不倦、甘为人梯……我的心由惊讶到赞叹，由感慨到佩服，百感交集。此刻，那一个个名字，早已不是我原先印象中的老人形象，他们宛如一座座苍翠的青山，在我面前变得分外高大，一种崇敬之情油然而生——

老教师们是一本本厚厚的书

他们有的从战火纷飞的年代款款走来，有的在条件最艰苦的学校默默地奉献自己的青春年华，有的从繁华的大都市来到这乡村弹丸之地。也许，他们中有不少人并不是土生土长的桐乡人，但是他们在这块土地上，播洒着汗水，倾注着爱心。透过那满头的白发，走进老教师们的背后，都有一个个厚实的令人嗟叹的故事。

每一位老教师都是一本厚厚的书，字里行间写满了他们对教育事业的忠贞和挚爱，写满了他们曾经的满腔热情，写满了他们对学生的拳拳爱心，写满了他们的无怨无悔，写满了他们百折不挠的坚强意志，写满了他们勇于开创未来的乐观主义的精神……读赵梦娇老师的《教坛耕耘忆往昔》，我体会到了三年困难时期，办学条件是何等的艰苦，我感受到了赵老师的"俯首甘为孺子牛"的无私。读宋匡乾的《三次跨越的回顾》，我深刻领悟了宋老师不断挑战自我、高瞻远瞩的睿智，让辉煌的乐章在第一实小美妙地奏响。读林静静的《耕耘青春，收获真情》，我深刻领略了一位杭城姑娘对教育的执著，一个怀孕的年轻女教师坚持家访的情景，不由得令人肃然起敬，她用自己的具体践行着陶行知的那句"捧着一颗心来，不带半根草去"的名言。读沈森康的《蜡炬成灰泪始干》，我似乎看到了一条条泥泞的小路，年轻的沈老师不停地往返，不停地动员家长……每读一篇文章，我的灵魂都受到了一次深深的洗礼。我一直以为，自己的工作已经够艰辛，一直以为自己对学生已经够负责。读这些文章，这些文字，我才深深地体会到，与这些老教师相比，我所做的是那么微不足道。

这一本本厚厚的书，仿佛是一盏盏明亮的灯，指引着我前进，在教育的园地里，辛勤地耕耘。疲倦的时候，懈怠的时候，放松的时候，我会翻开这些厚厚的书，让他们来激励我，鼓舞我，教育我，让我毫不犹豫地向前走，向前走……

老教师们是一曲曲动听的歌

经过岁月的砥砺，那个年代的老教师们宛如一坛坛陈年的酒，飘散着扑鼻的醇香。老有所学，老有所乐，老有所为。瞧这些已从工作岗位退下来的爷爷奶奶们，他们并没有退出人生的追求舞台，一个个用具体的行动诠释"活到老，学到老"这句话。徐正老师退休后不懈追求，以70岁高龄应聘为茅盾中学的专职语文教师，著书立说，他的身体力行，让我见识了什么是生命不息，追求不止。蒋以格老师为捕捉一个满意的镜头十几天凌晨四时守候在海边的行为，让我见识了老教师的执著，对生活的热爱和对所爱事业的精益求精。哀荣林老师让我的面前浮现出了一位满头银发的老教师孜孜不倦的"万卷古今消永日，一窗昏晓送流年"的怡然读书美景。董炳炎学打太极拳，吴人熊结伴骑行，陆志文集邮……特别令人动容的是朱其坤老师的《战胜癌症的法宝》，让我见识了一位老教师坚强的意志，不折不挠的精神。读来，怎不令人为之动容呢？

老教师们的今天就是我们的明天。老教师们用他们对生活的热爱之情，对知识的追求，演奏着一首首动听的歌，一个个美丽的音符在我的心头轻轻地飘荡。他们的精神激励我更努力地工作和学习。

最美不过夕阳红，温馨又从容。看着老教师们的余晖这么灿烂，晚霞这么美丽，夕阳这么辉煌，我想说的是，他们不是朝霞，恰似朝霞，绚满天！

魅力班会课让班主任魅力四射

一直以来，我都是中国班会第一人——丁如许老师的拥趸。受他赏识，不但我的一些课例时常被入选他的著作，还被邀请天南海北地去上展示课。一路走来，丁老师不断地提携和鼓励，在我的班主任专业成长上，对班会课的探索上，影响颇大。我谨致以深深的铭谢之情。

班会课上什么呢？怎么上呢？巧妇难为无米之炊，目前的班会课无大纲无主题无内容，让本身忙忙碌碌的班主任们束手无策、叫苦不迭。面对每周一节的班会课，无从入手，不堪其负，是困扰现实中的班主任的一个难题。纵观身旁的班会课，不是演演玩玩打打闹闹的浮躁花哨表演性活动，就是老师满堂训话的思想教育课。伪班会课、假班会课，让班会课成了一种可有可无的摆设。

丁老师一直以来致力于班会课的研究，有关班会课的著作颇多，而《打造魅力班会课》作为《魅力班会课》一脉传承的姊妹书，是我最为钟情的，不仅仅因我的一篇环保主题的课例《我们的地球母亲》入选其中，更因这本书详细阐述了班会课的设计思路及操作方法，有理论有实战，宛如一场及时的甘露，给我们一线班主任如何上好魅力班会课带来了深深的启迪。

茶余饭后，我时常捧起，细细阅读。每读一遍，都会给我带来新的启迪和思考。

深深记得 2013 年的 4 月，在嘉兴市"南湖之春"的舞台上，首次开设"德育专场"，隆重地把班会课作为观摩课向五百多位中小学班主任开放。而我非常荣幸地作为嘉兴市第一个吃螃蟹之人，诚惶诚恐地接受了上台展示的光荣任务。要知道，"南湖之春"是嘉兴市最高的一个教学展示的平台，代表最高的教学水准，只许成功，不许失败。整整一个多月，我茶饭不香，陷入沉思：我该选择什么样的主题？如何设计才能引起孩子们共鸣？我边思索边细细揣摩《打造魅力班会课》一书，一遍又一遍……某一日，在温润的灯光下，我再一次抚摸着书本——突然，灵光乍现，"我可以用班情来选题"啊。当我想到隔壁班的一个孩子，在走廊上快速奔跑撞倒同学而使同学胳膊吊绷带时，我决定把班会课主题定义为最平常的"安全教育"。主题确定之后，该如何设计呢？如何出其不意，上出新意呢？我一遍又一遍地思考教案、设计教案，在单位领导的重视下，又一遍一遍地磨课和修整，可是，总达不到我内心想要的效果。我陷入了深深的痛苦和彷徨之中。

离展示的日期一天天近了，焦灼之余我再一次捧起了《打造魅力班会课》一书，我的眼睛巡逻在"倾情多投入"上……对了，我不是可以设计一个情景再现和一个受伤的体验游戏吗？书再次给了我灵感……

我的主题班会课《校园安全我排查》终于闪亮登场了，效果出奇地好，会场上不时爆发出会心的笑声和掌声，更是得到了省城德育专家的高度评价，她说："许丹红的课让我们见识了一位魅力班主任的光芒四射。"

我宛如喝了蜜一般地甜，是《打造魅力班会课》让我这个班主任开始魅力四射。

时光已经过去十几年了，然而《打造魅力班会课》犹如陈年的佳酿一般，越久越醇香。年轻班主任们，捧起它吧！

万物皆有趣，万物共生长

——我的教师节随想

生命里，总是充满着无数的惊喜和感动。9 月 10 日，金风送爽，是一个甜蜜的节日——教师节

每一束鲜花，代表着一份想念；每一张贺卡，代表着一份牵挂；每一条信息，代表着一份祝福：我都很珍惜。

一

"许老师，这是我家平平让我送来的。"早晨，我刚坐在办公桌旁，一位笑意盈盈的中年妇女手捧一束鲜花对我说。短暂的思维休眠后，我猛地想起，原来是已上高三的平平的妈妈。

妈妈从鲜花中拿出一封用红纸折叠而成的信给我。"这是平平写的，她一边流泪一边写。"我很激动，笑着问妈妈："最近孩子怎么样了？成绩好吗？"

"挺好的，这孩子上学期拿了奖学金，具体考多少名，我没问她。"妈妈满脸欣喜。

忘不了去年的暑假，我正在东北旅游，突然接到平平妈妈无限焦急的电话，说孩子离家出走了，问我知不知道去了哪里。所幸，几天后，孩子平安无事地回来了。

某天，在书店，我正好遇见了平平母女。在书店的角落，我与孩子倾心交谈，听她诉说她的苦恼，她的烦忧。她对班主任有意见，觉得班

主任对她有仇，导致情绪更为低落。

我循循善诱："没有班主任会对自己学生有仇。或许，只是他的方法你接受不了，可能是你误解了你的班主任，你该去好好问问。与老师闹意见最终吃亏的就是你自己……"

整整一年过去了，终于听到了她的好消息。

许老师：

你好！

好久不见你了。今天和东菊聊了一会儿，她很开心地说，平平的声音还和小学的时候一样，没有变呢。

很难过呢，都好几年没有去看你了。今年升高三啦，也很紧张的。上次与你聊天以后，也去找了班主任聊。真的，如果没有你们，平平也没有今天，是你们把平平从迷途上拉了回来。

我高二的成绩是第 160 名，文科生只有 200 多人，这样的成绩只能去三本。但是，我们现在的班主任真的很疼惜我，不断开导我，每天花 40 多分钟和我聊天。我自己也很辛苦，早上 5 点多起来，晚上 11 点钟睡觉，真的很辛苦，周末还要上数学、英语、地理补习班，从不间断。我现在的成绩是年级前 70，除去实验班的 50 个人，在年级的排名挺靠前的。

我不知道别人怎么认为人生，认为高三，我真的不只是在为我的高考在学，我还是为了那些帮过我，疼我的人在学啊。

谢谢你，老师，我会不断进步。加油！

反复地读着她的信，五六年前那位可爱、活泼的女孩又仿佛出现在我的眼前。我很庆幸，在孩子最需要帮助的时候，最迷茫的时刻，我能作为一位师长和朋友的身份，来帮助孩子从人生的岔道口回到康庄大道，让她明白了人生更为重要的还有进取和拼搏。

二

"许老师，这是我姐姐送给你的信。"一到教室，可爱的箫箫递来一张贺卡。

淡黄的封面上写着：最爱的许老师收。上下还有 20 颗渐变的心形围绕着。

我迫不及待地打开：

许老师，请允许我再多喊您一声，许老师！

离开您已有三个春秋了，不知您过得可好？有没有再遇到像小佳一样难缠的学生？有没有再遇见像小超一样用功的学生？

您是否还时常会想起 601 班那帮猴孩子们？您是否还时常会替他们担心？但是，您放心吧！他们现在都长大了，他们已经知道该如何照顾自己了。

无意之中，我翻开您的《班主任教育漫谈》，无限的思念之情涌上心头。那里面全是您为 601 班付出的心血。谢谢您！

先前，我不相信这世上有天使，直到您的出现。我终于明白：原来天使就在身边。

许老师，教师节快乐！

您永远的学生　媛媛

收到这张卡片，我感慨万千：媛媛曾是我非常得意的一个门生，在我两年的引领下，取得了飞速的进步和蜕变。

尽管我教她的弟弟，但是她毕业后整整两年内，我没得到她只言片语的思念和信息。世师皆说，越是成绩好的孩子，越不把老师放在眼里。

莫非真的如此？

当看到这份礼物时，我才明白，有些思念，有些感谢，需要岁月来沉淀。岁月会如一杯佳酿，越久越香醇。

"原来天使就在身边。"感谢孩子的这一番话。我知道"天使"这两个字，远远不能企及，但我一定会努力朝着这个方向展翅飞翔。

三

刚走进校门，门卫就送给我一张贺卡。

粉红的封面。

轻轻地打开，这几行字映入我的眼帘。

许老师：

若不是您，想必，现在的我还在不知目的地走着吧。当我叛逆的时候，是您仍然在教导着我，让我这只迷途的羔羊，感受到了阳光的温暖。正如您所说，生命是一列奔驰的列车，我们在小学的这节车厢里度过了七百多个美好的日子，一路同行，所有的快乐和美好，激动和兴奋，甜蜜与惆怅，都留在了我们的心田里，静静地等待岁月这颗种子生根、发芽。是呀，时间匆匆，我也已投入初三的殿堂，但那时的欢声笑语犹在耳边回响……

我只想说一句话：感谢有您，老师。

祝：节日快乐　微笑永恒

JJ

多么激动和兴奋啊。

曾几何时，JJ这个可爱的姑娘，如一只迷途的羔羊，在人生迷茫伤痛的时刻，我能作为一位老师，尽自己的力量，悉心地关爱并鼓励着她。我想起了那个狂风肆虐的夜晚，我和她、她妈妈的彻夜长聊，想起了我带着全班孩子思念的信，骑车到乡下去看望这个曾因年少无知而受伤的孩子……

往昔历历。

我真的很庆幸，我的工作岗位，能让我如农夫一般，悉心拨弄属于我的庄稼，无论它是干旱受伤，还是先天营养不良，抑或是受病虫的伤害，都能献上我的爱，在岁月的凝练下，这颗种子慢慢地生根、发芽、健康、茁壮地成长。

四

亲爱的许老师，好久不见您，挺想您的。在这个教师节，祝您节日快乐，天天开心，永远幸福！——爱您的圣萍

敬爱的许老师，您辛苦了，祝您节日快乐！——您的学生姚凯洁

许老师：节日快乐！愿您每天都开心、健康、平安。——您的学生刘学超。

"许老师，今天你们放假吗？伊凡带着几个同学到学校来看你了……"接到凡凡妈妈的电话，我正在外面办事。

……

真的铭谢红日班的孩子们，还这么惦念着我这个班主任。红日班陪伴着我一路成长，与孩子们结下了深厚的感情。一大批孩子在我的悉心与照亮下，拥有一个好的发展。

衷心祝愿他们未来的日子丰满、丰富。

五

"许老师，传达室里有你的鲜花噢！"

当我送路队到校门时，门卫告诉我。

走进门卫室一看，一大束美丽的鲜花正朝我微笑。桃红的包装纸，乳白的玫瑰花四周围绕着淡粉的玫瑰花，点缀着丝丝银粉，看上去是那

么温馨，那么和谐。

花是莹莹送的。

很感动。莹莹去新的学校已是第二年，还能这么惦记着我这个只教了她一年的老师，实在难得。看到手机上有莹莹妈妈的来电，我赶紧接通。

我说，怕联系过多，孩子眷恋原来的学校。妈妈告之，这孩子直到现在还在念叨着想回原来的学校。

感动，感怀。

感谢王婷、小峰、泽洲、慧钰、小煜、思佳、媛媛、宇玮送来的鲜花，成俊妈妈亲手做的鲜花，让我沉醉在花的海洋中，沐浴在幸福的雨露中。

感谢滋行送来的乳白贝壳相框，感谢胡蝶送来的红掌水景，还有孩子们送来的贺卡，家长发来的信息……

相信种子，相信岁月。

万物皆有趣，万物皆生长。岁月，是一颗种子，种子在悉心的浇灌下，在生根，在发芽……

家庭书房，让家校合作走出新路子

基础教育阶段的小学，立足于自身的办学特色和实际情况，创设具有特色的家校合作经验，是决定新时期家校合作品质的关键要素。随着教育综合改革的不断推进，家庭教育受到越来越多的关注，家校合作成为学校教育发展及构建"家庭—学校—社会"一体化育人体系和教育治理体系的重要组成部分。

我作为一位班主任，一直致力于班级文化的创建以及班级文化内涵的构建——腹有诗书气自华，以家庭书房创建为载体，努力探索家校合作新路径。通过五年来的研究与实践，逐渐认识到家庭阅读环境的创设和亲子阅读的实施是发挥家校合力，培育学生阅读素养的有效载体，形成了基于家庭书房创建的家校合作的路径和具体方法，取得了家校合作与学生阅读素养培育的初步实效。

家庭书房实体环境建设，创设亲子阅读的环境

首先通过落实家庭书房建设的家校合作策略，为亲子阅读提供最基础的场地条件和环境氛围支持，让每一个孩子在家中都能拥有一平方米的自由阅读区，都能拥有乐于阅读、自在阅读的环境和氛围。家庭书房的实体环境创建是依托家庭书房开展亲子阅读活动的基础和前提。

（1）开展问卷调查，了解班级家庭亲子阅读现状、家庭藏书情况及家长需求。

（2）拟写家庭书房建设倡议书，倡议家长们在家庭中精心布置一平

方米阅读区。

（3）通过组织"最美家庭书房"展示活动，驱动每一个家庭积极投入。

问卷调查得出，我班家长整体年龄为"85后"，平均文化程度达到大专，但家长不太有阅读纸质书的习惯，不喜欢阅读的比较多，喜欢打游戏或电子碎片化、浅表化阅读。家庭拥有独立书房的较少。家长比较认同在家庭教育中融入阅读环境和亲子阅读的理念，因此，采取以下办法助力家庭书房的建立。

第一，选定独立的书房或家中一个一平方米的阅读区域。

第二，对选定的区域进行适合孩子阅读的环境布置，鼓励家长使用颜色丰富、带有卡通形象并兼具阅读功能的书架、桌椅，基于不同学生的兴趣爱好和个性特长，创设他们喜欢的阅读环境。

第三，为建好的家庭书房配置书籍。如果家中已有丰富的藏书，可以将这些藏书集中放置到阅读区域；如果藏书量不够丰富，可以根据班级推荐的书单进行适当的订购。

然后在班级中掀起家庭小书房创建评比的热潮。开展班会活动，让孩子们拍下自己的家庭小书房，到班级里向其他同学介绍自己的这方天地，并进行十大最美书房的微信公众号展示活动，推动了学生的家庭书房建设和亲子阅读活动开展。

（以上图片均来自班级学生的家庭书房）

典型和榜样的树立，提供家校合作的示范

　　家庭中父母纸质阅读浅表化，这其实也是全社会的一个缩影，年轻的父母，阅读电子化、碎片化，普遍没有纸质书本的阅读。改变父母的阅读习惯，深化父母的阅读内涵，是家校合作、亲子共同成长的途径。

　　总得有人去擦擦星星。在班里，总有一部分家长相对比较喜欢阅读。利用班级里的典型和榜样父母，让他们率先垂范，通过钉钉直播、微信群语音播报、班报、家长会等途径，让这些热爱阅读的父母率先行动，及时在群中带动其他的家长。

（1）邀请书香家长在钉钉上直播，讲解阅读带给自己和孩子的变化。

（2）成立父母书香阅读小组，小组定期交换阅读心得。

（3）建立父母阅读打卡钉钉圈，学会抱团，共同前进。当父母身处于一个热爱学习的环境中时，也会努力去追求以及适应。

老师定期推荐适合家长阅读的书籍，让他们阅读完后，交流阅读的心得，适当召开一些家长阅读书会，并以书香阅读小组为单位，互相督促和提醒，养成放下手机的好习惯。

开设亲子共读课程，提供家校合作的样本

古人说："开卷有益。"优秀书籍对于孩子成长的益处已为广大家长所共识，父母都是希望孩子能亲近书、爱读书的。但是想让孩子成为爱书人并非一朝一夕之事，很多父母苦于无计可施。作为教育学生的主导者，班主任应发挥自身优势，组织开设亲子共读课程，指导家长进行有效亲子共读，使亲子关系在共读一本本好书中进一步升华。

1. 阅读财富积累，建立阅读银行

班里学生人手一本"阅读银行存折"，每学期更换。学生和父母一起，将读过的书记录下来，将页码作为阅读金额存入存折，阅读金额累计到一定数量时，可以跟父母、老师换取奖励。可以是物质的，如一支笔、一块橡皮、一包小零食，也可以换取老师为他做一件事，如陪伴聊天、回答他几个问题、给一个深情的拥抱等。

通过积累阅读财富、表彰先进的方法，激励学生和家长广泛大量阅读，把更多书籍中的积极力量带进教室，让每个学生都能以阳光的心态拥抱这个美好的世界。

2. 记录阅读点滴，进行班级圈晒阅

为了第一时间详细了解学生在家的亲子共读情况，以利于提升教育

针对性和实效性，班主任组织家长将亲子共读的点滴用照片、视频等方式记录下来，并分享到桐乡教育 App 的班级圈。班级圈亲子共读秀，也是学生展示自我的舞台，在班级同学、家长的点赞和鼓励声中，孩子的自我认同感不断得以提升，阅读兴趣日渐浓厚，养成阅读习惯便指日可待。班级圈晒阅也可以相互学习促进，彼此沟通有无，既融洽亲子关系，又有益于个体的良性发展。

（1）记录阅读时光。

用照片或小视频的形式，从父母的视角出发，记录孩子每天的阅读时光，并配以简短的文字说明，分享到班级圈，展示孩子阅读的点滴进步。

（2）评选书香家庭。

每个孩子和家长一起，择取亲子阅读中最动人的画面，制作成微视频，发布到班级美篇进行展示，并在期末通过展示投票的形式，评选"班级十佳书香家庭"。

（3）展示阅读所得。

一本书阅读完成后，学生以自己喜欢的形式，或语音，或微视频，或微感言，或一组照片等，记录下自己的所思所得，发布到班级钉钉群，与同学交换收获，碰撞思维。

阅读特色课程统整，汇聚课内外的合力

我通过三个具体方法，对与亲子阅读同步实施的特色课程进行了研究和实践，并通过引导学生形成"校内—校外"相融合、"学校—社会"资源相整合的学习模式，进一步在家校合作的基础上，促进学生的学习情境与学习方式深度融合，最终指向适应未来社会变化与终身发展的阅读素养培育。

（1）设置亲子阅读系列主题，强调家庭书房创设与亲子阅读指导的班本课程化、特色化发展。

（2）依托与班本课程相配套的各类活动的开展，实施指向项目化学

习开展的亲子阅读指导。

（3）大力拓展社会资源和社区资源，促进亲子阅读的成果在更大范围内融合共享，进一步驱动家长的积极参与和学生的兴趣激发。

利用项目化学习的方式，组织开展形式活泼、多彩多姿的亲子阅读活动。例如组织学生进行"重走长征路"的研学体验活动，一路设置关卡巧渡金沙江、飞夺泸定桥、四渡赤水、过草地、决战腊子口等，亲子共同阅读有关长征的典型故事，共同观看《飞夺泸定桥》等长征电影，家长和孩子从书中挑选自己喜欢的故事，精心编排，展现给大家的是快乐和深思。还可以安排亲子讲长征故事比赛，爸爸、妈妈和孩子一起讲故事，角色分工，入情入境，绘声绘色，有的还配上道具、服装，更是给故事增色不少。亲子讲故事，家长和孩子共阅读，同感受，增进了亲情。还可以进行亲子诗朗诵的录制……不同形式的项目化学习和展示，增进了家长和孩子之间的融合和亲情。

我还尝试设计了《猜猜我有多爱你》《我想养只小动物》《端午节》等阅读统整课，这些课程以绘本阅读为底色，设计融入了语文、美术、音乐、探究、自然、英语、社会实践等各学科内容，在课程的推进中，我们将家庭阅读活动融入其中。如《猜猜我有多爱你》课程，阅读完绘本，回家与父母一起阅读，可以邀请父母一起表演，进行家庭亲子秀……一系列活动中都有父母共同学习的身影，阅读成为学校、家庭一起欢笑、一起学习、一起成长的乐事。

在家庭书房创建活动的不断研究、实践和推广中，班级家庭阅读面貌得到了有力改变，大部分家庭都融入了书香活动，孩子、家长感受到阅读无穷的魅力与乐趣，同时随着各项活动深入开展，也有效提高了家庭教育的力量，家校合力共助孩子成长的氛围日渐形成。家庭书房，让家校合作走出新路子。

星爸星妈星娃成长营：亲子成长课程促进亲子共同成长

随着《家庭教育促进法》的出台，时代呼唤与时俱进的当代家长，通过亲子成长活动的交流方式，能够让家长及时转变观念，支持学校教育，与孩子形成友好的互动，形成良性循环，真正实现家校互动，为孩子们创造美好的未来。

亲子成长课程面临诸多困境

学校在家校协同育人方面的探索与实践，取得诸多成效，但也存在以下问题需重点关注：

（1）教育功能窄化：片面指向儿童教育或者家长教育，未能统筹兼顾亲子双方的共同成长，实现家长和孩子成长的全面性与成效的最大化。

（2）亲子课程单一：课程实施形式单一，未能充分考虑家长的时间、精力与能力条件，开拓学习空间，增强亲子双方的学习体验。

（3）亲子资源缺乏：亲子课程、活动的开发与实施主要依赖学校教师和外部专家，未能充分挖掘家长资源在亲子成长课程上的优势。

针对上述问题，我分外重视亲子成长课程的功能拓展，丰富课程与内生资源，以指向亲子双方共同成长的新时代新型亲子课程为基石，系统化构建"闪亮"亲子成长课程，全面培育闪亮星爸、星妈和星娃，让"双减"后的家庭时光美好而温馨。

星爸星妈星娃成长营的亲子成长课程的设计

　　星爸星妈星娃成长营秉持"以父母的成长带动孩子的成长"的理念，力图通过价值回归，重构亲子成长课程的内涵；以家长资源的充分挖掘、灵活运用，赋予亲子成长课程灵动的生命力，为家长有效参与亲子成长课程提供机会与平台；发挥家长榜样、教学相长的力量促进家长和孩子的共同培育。

　　秉持全过程育人思想，学校突破传统教育对家长课程的单向度认识，将学校和家庭作为开展家长亲子成长课程的联动空间，从双向互动的立场，分设六个方面的亲子课程，包括亲子共动的"运动·家"课程，亲子共研的"实践·家"课程，亲子共写的"记录·家"课程，亲子共上的"课堂·家"课程，亲子共学的"科创·家"课程，亲子共读的"朗读·家"课程。

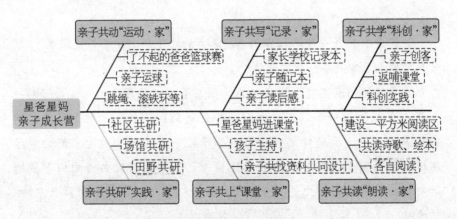

星爸星妈星娃亲子成长课程的实施

1."运动·家"课程：爸爸加盟，让亲子动起来

　　本课程借助爸爸的力量，学校搭建平台，鼓励工作忙碌的爸爸参与孩子的成长，用运动开启亲子时光，让爸爸身上的阳刚味，传递到孩子身上，让孩子阳光成长。学校强调活动育人的思想，立足亲子交往需要，

开展系列化的亲子活动。"运动·家"课程，充分调动爸爸与孩子的运动特质，开设"半月爸爸友谊赛""宝宝啦啦队"。

每个班级成立了不起的爸爸篮球队，每班有一位篮球队队长，定制了专属爸爸篮球队队服，队服的定制结合班级元素，融入班名。上半年4月份，利用双休日进行爸爸篮球班级循环赛，孩子和妈妈们一起来到比赛现场，拿出特意制作的加油呐喊牌，为爸爸们呐喊助威。爸爸们在场上生龙活虎地运动、拼搏，孩子、妈妈、老师一起喊加油！每个年级决出两支队伍，这两支队伍的爸爸们组成运动会入场方阵。开幕式后，在室外篮球场进行冠亚军巅峰对决，由校领导和孩子共同给爸爸们颁发奖杯、奖牌。

运动会、家庭日等时段，学校开设运球、跳绳、滚铁环等亲子项目，爸爸们身先垂范，带动孩子热爱运动。

在第二届"了不起的爸爸篮球赛"开幕式的前两天，校长收到了小R妈妈的一则信息——

很荣幸小R爸爸能参加我们学校举办的"了不起的爸爸篮球赛"，孩子和我们都非常兴奋，非常期待！

作为妈妈的我不能上球场助力，但想着可以免费给咱开幕式赞助一个篮球主题的翻糖蛋糕。一方面是给爸爸们加油打气，把开幕式氛围感拉满；另一方面是特别感谢班级和学校一直为孩子创造良好的学习环境，作为家长，在自己的能力优势内，如果能有机会为咱们学校的活动贡献一点自己的力量，会觉得非常开心。所以，特地向校长申请，望批准。

要知道，这可是曾经最难相处的一位家长，"了不起的爸爸篮球赛"等系列活动，烘热了爸爸妈妈的心，就有了这么美好的一幕场景。

2."实践·家"课程：家长带领，让亲子研起来

"实践·家"课程，充分挖掘家长资源，发挥家长力量，利用双休

日、节假日，带领孩子走进田野，走进大地，走进社会，走进大自然，走进博物馆……通过丰富多彩的群团实践，培养动手能力，拓展孩子们的知识面。

"实践·家"课程，每个班级分为若干假日小组，再安排若干义工家长为组长，带领班里的学生进行实践调查、爱心服务、亲子活动、红色研学等方面的实践活动，让孩子们身心愉悦，促进了家长与孩子、孩子与孩子、家长与家长的心灵沟通。

家长带领着孩子们去田野，去社区，去调查，去做义工……孩子们在亲子实践中得到了收获和成长。

3. "记录·家"课程：家长示范，让亲子写起来

"记录·家"课程，当以家长的自身锤炼为首。为了给孩子示范，让孩子喜欢书写，为人父母，先从自身做起。学校定制家长学校记录本，每遇家长会、开放日、专家讲座，要求父母认真记录，专注听讲，并交老师批阅。静心修炼，提升父母的学习力，促进其成长。

学校每一年都有家长读后感征文比赛，鼓励爸爸妈妈积极阅读，积极参加，并在学校的公众号上推出优秀征文，以鼓励家长的好学。

学校鼓励家长和孩子用拼音、用图画、用文字等不拘一格的方式，进行对话和交流。等孩子进入一年级下学期，外出旅游和研学时，鼓励爸爸妈妈和孩子同写一个内容，共同记录在本子上，互相写评语，促进亲子间的情感交流，提高书写能力和习作能力。这样的书写，很有意思，也让亲子之间的交流更为顺畅，亲子之间的联结更为紧密。

4. "课堂·家"课程：家长卷入，让亲子上起来

本课程，父母化身"闪亮星讲师"，带着一颗博爱之心，来到班级，来到课堂，利用父母自身的学识、擅长点、职业优势、视野，自选题材，给孩子们上课。职业衍生礼仪教养、专业知识等都可以拿来讲。《有趣的汉字》《未来的职业》《书香小茶童》等别具一格的内容，生动的课堂，让孩子们直呼过瘾。

学期开始，班主任先在班级发动孩子，回家动员星爸星妈报名参加"课堂·家"课程。确定报名后，让家长和孩子共同确定所要讲的内容，鼓励家长在为课堂作准备的时候，把孩子邀请进来，与家长进行互动或者主持介绍爸爸妈妈。每一个学期，一个班级安排一到两次为宜，家长精心准备，孩子积极融入，共同演绎精彩的课堂。孩子在参与父母课堂的时候，了解了父母的职业或一些学校里学不到的知识。当看到自己的爸爸妈妈站在教室讲台上时，孩子也会为父母感到骄傲！

每一次"课堂·家"课程之后，孩子们会津津有味地把这一节课的欢乐时光，回家与自己的爸爸妈妈分享。分享班级趣事，激发了父母积极参与班级活动，广查资料，积极构思，认真准备，从而促进父母和孩子共同成长。有位爸爸是公务员，平素陪孩子时间少，为了给女儿作榜样，特意报名"课堂·家"课程，他精心为班里的每个孩子挑选了精美的矿石。在为课堂作准备的过程中，他与女儿一起互动，一起收获和成长。

5. "科创·家"课程：家长参与，让亲子学起来

"科创·家"课程结合了我校科创特色，发挥家长长处，鼓励家长积极参与，倾情陪伴孩子，共学共长，尝到收获的喜悦、成长的欢欣。

我校家长从事互联网产业比较多，家长自身喜欢科创、科技等项目。学校搭建平台，利用双休集训、开放课堂、视频展示等不拘一格的形式，鼓励有兴趣学科创的孩子带领父母一起前来参与学习，发挥家长的主观能动性，在互玩互学互动中，快速提升孩子的科创能力，进而提升亲子之间的黏合度。

6. "朗读·家"课程：家长融入，让亲子读起来

"朗读·家"课程，以家庭"亲子共读、美美互读"为着陆点，无论家庭面积大小，倡导开设一平方米阅读区，给孩子一个美好的阅读空间，倡导年轻父母利用空闲时间，陪伴孩子一起共读绘本，共读诗歌，共创家庭小故事……让父母清润的嗓音伴随孩子的柔柔童音，让琅琅的书声

在家庭中余音绕梁。

在家庭里，指导家长创设一平方米阅读区，创建良好的家庭书香环境，鼓励家长与孩子美美与共、书书各读，形成家校"1+1"阅读环境。

学校分主题鼓励家长陪伴孩子一起朗读绘本、朗读诗歌……家长和孩子一起共读故事，由家长录制好音频或视频，学校择优刊登在微信公众号上。午餐后，学校广播循环播放闪亮主播家庭们的优质音频。朗读家们从广播里听到自己和爸爸妈妈的声音，兴奋之情溢于言表。有一位主播妈妈说，为了孩子放大招了，制作视频到凌晨两点多，当看到亲子共同朗读的视频在学校微信公众号上发出来的时候，觉得特别幸福。围炉共读，让家庭时光富有浓浓的书香味。

学校开发共通共享的网络空间，通过网站、视频号、公众号等途径完善网络空间建设，利用视频、音频、推文等方式，分享家校共育成果，提高家校共育质量。

星爸星妈星娃星评价：启动评价激励机制

本亲子成长课程采用过程性卡证式评价、结果性兑分式量化评价、循环式颁奖互促性评价相结合的方式，对星爸星妈星娃的积极参与度、对学校的支持度等，进行全方位评价，更好地调动家长和孩子参与到学校开发的亲子成长课程中来。

1. 过程性卡证式评价

活动过程中注重过程性评价，全面调动家长的积极性，延续他们的参与热情，让他们感受到被学校重视。"实践·家"课程中，先给有意组织和策划的家长发邀请书，活动组织好后颁发学校义工证；"课堂·家"课程中，给进课堂的星爸星妈颁发"闪亮星讲师"的奖状；"书香·家"课程中，给读后感获奖的星爸星妈颁发奖状；"朗读·家"课程中，颁发"闪亮星主播家庭"的奖状，给闪亮家长颁发荣誉证书……以卡证的方式对家长进行表彰和鼓励，以肯定家长的努力和成长。

2. 结果性兑分式量化评价

余杭区海辰小学"闪亮家长"评比表

班级：　　　　　学生姓名：　　　　　家长姓名及与学生关系：

评比类别	评比内容	得分（共100分）	
		自评	校评
做有知识的家长（每项4分，共计12分）	1. 积极阅读学校推荐的父母书单。		
	2. 积极参加学校组织的读后感征文比赛。		
	3. 关注学校微信公众号等相关信息。		
做有修养的家长（每项4分，共计12分）	1. 到校注意文明着装，自觉维护校园环境。		
	2. 上下学接送按指定点位站立，不乱停放车辆，不乱丢果皮等杂物。		
	3. 在孩子面前做表率，不当孩子面，打牌、搓麻将，注意文明修养。		
做讲合作的家长（每项4分，共计12分）	1. 自觉遵守学校各项规章制度。		
	2. 与学校保持高度一致，在网络等自媒体（班群中）维护学校、班级、老师良好形象，形成积极的舆论导向。		
	3. 尊重教师，注意与教师沟通时的态度和方法，不在班级群中散播负能量，有事与老师积极沟通。		
做能共营的家长（每项2分，共计16分）	1. 每年提供不少于8小时的志愿者服务。 A.志愿清洁校园（　）小时 B.志愿开设课程、讲座（　）小时 C.志愿协助护校管理（　）小时 D.志愿参加学校各种劳动或服务（　）小时		
	2. 积极参与闪亮星班集体建设。（打"√"） A.图书角（　） B.绿化角（　） C.板报布置（　）		
	3. 在家中为孩子开设书房或一平米阅读区。		

评比类别	评比内容	得分 （共 100 分）	
		自评	校评
能共育的家长 （每项 3 分，共计 30 分）	1. 志愿义务开设课程、讲座，协助教学。		
	2. 认真参加家长学校学习，记录等第为优。		
	3. 积极参加家长志愿劳动。		
	4. 积极协助假日小队活动。		
	5. 积极参加学校各类活动的筹备。		
	6. 认真学习专家讲座或家庭教育培训活动。		
	7. 积极配合学校和老师开展线上教育教学活动。		
	8. 积极参与亲子小报出刊和亲子作品创作。		
	9. 积极配合学校开展体质健康测试达标项目训练。		
	10. 在运动会或爸爸篮球赛上积极参加或带领孩子做啦啦队。		
做善指导的家长 （前两项各 5 分， 第三项 8 分，共计 18 分）	1. 能教育并督促孩子养成良好的学习和生活习惯（以孩子在校表现为基础）。		
	2. 在家提供安静的学习环境，督促学生认真完成学习任务。		
	3. 积极参加各级各类学科活动或竞赛，关注综合素质培养（以获奖统计）。		
总分			

这是印在为家长定制的"家长学校记录本"中的一个表格，从有知识、有修养、讲合作、能共营、能共育、善指导等六个方面，全方位合理地设置了分数，让每一位家长逐一对照条例进行自评，明确自己做得好的方面，了解自己需要努力的方面。班主任再对照家长对学校工作的支持度、参加星爸星妈星娃成长营的积极度、与学校的共营共育度，打出分数，每年在六一儿童节对校级闪亮家长（每班三位）进行隆重表彰。每年六一儿童节前，进行"闪亮成长少年"的评比，为积极参与亲子成

长课程的孩子颁奖。

3. 循环式颁奖互促性评价

每个学期结束或者学期的中途，学校给积极参与活动的家长、家庭定制奖状，在学校报告厅里或者国旗下，隆重地把原本该发给家长的奖状颁发给孩子，让孩子代表父母上台领奖。鼓励孩子回家后给自己的爸爸妈妈颁奖，并把颁奖镜头通过视频或图片发到钉钉班级圈，与全体家长共同分享这份喜悦。循环式颁奖让孩子积极融入父母的成长营活动。当父母接到孩子颁发的奖状，别提有多激动和欣慰了。这有效促进了亲子关系的良性发展，实现了以父母的成长带动孩子成长的核心理念。

学校通过开展家长讲坛、进行家长培训、指导家庭教育，提高了家长的学校参与力、家庭教育力和自我成长力。基于多样化的亲子活动，家长与孩子共学、共玩、共成长。小学生相关亲子量表测评结果显示，亲子关系获明显改善，亲子共同成长。

星爸星妈星娃成长营实施以来，促进孩子和家长综合素质的全面提高，促进家长与孩子之间、家长与家长之间、老师与家长之间、老师与学生之间关系的和谐健康、积极向上发展，从而带动孩子和家长核心素养的共同提升，提高家庭教育能力，促进孩子的健康成长。

附录　成长，源自内心觉醒
——"浙江班主任"成立九周年访谈

访谈对象：浙江省杭州市余杭区海辰小学　许丹红
采访人：浙江省平湖市叔同实验小学　高飞

2023 年 8 月 15 日，是"浙江班主任"（以下简称"浙班"）成立九周年的纪念日。九年，浙班团队从无到有，从小到大，一路前行，一路收获，成长为浙江德育领域的一个响亮品牌，一支不可忽略的民间力量。我们成立了工作组，让每一场线上的研讨讲座都越来越多地影响浙江乃至全国各地的班主任。所有的活动没有行政指令，我们有的是教育的情怀和同行的情意。

受杨春林、祁进国、褚建利三位前辈的嘱托，我对许丹红老师做一个采访。说到访谈，不论是文字交流，还是现场主持访谈节目，我都做过几次，按理说，我是驾轻就熟的。

但是，采访对象是许丹红老师，我却有些紧张了。因为曾经同属嘉兴五县二区，我在一些重要德育场合远远地见过她，在很多优秀的班主任、教研员的描述中听过她，在她的好多本著作中领略过她的智慧教育。尽管我们离得如此近，而我却没有真正和许老师有过交流。

感谢这次的访谈，不仅让我对许老师有了再一次的认识，也让我对她的教育情怀和人品修养充满了敬意。

高：初涉教坛时，您有哪些迷茫？后来是如何解决的？

许：初涉教坛，我回到了曾经就读过七年（五年小学＋两年初中）的偏僻村小任教，四周都是年老或曾教过自己的老师。20世纪90年代初，城乡差别大，迷茫、失落时常伴随。但后来我调整心态，每天如一个大姐姐一般，白天与孩子们一起学习，一起游戏，给他们补课，用愉快的游戏引导他们；晚上，在台灯下精心备课。很快，我在一年后的新教师评优课上脱颖而出。村小三年生活，让我学会了宁静。

高：在教育教学过程中，有没有遇到一些让您感触极深的人或事？得到过哪些人的帮助？这些人或事是如何影响您的教学生涯的？

许：遇到"教育在线"论坛，遇到苏霍姆林斯基的专著，遇到全国著名德育特级教师——青春老人张万祥，遇到浙江外国语学院德育研究所所长朱仁宝教授，遇到浙江省班主任委员会会长韩似萍老师……这些人都是我生命中的贵人。我是一个幸运的人，一路走来，繁花相随，遇到了许多对我有帮助的人，包括各级领导对我的赏识、鼓励，以及我的各位同事、朋友们的鼓励。

印象最深的是因为上了"教育在线"论坛，接触到了朱永新老师的新教育实验，接触到了苏霍姆林斯基的《给教师的一百条建议》，进而阅读了苏霍姆林斯基的全部作品，唤醒了我原本沉睡的教育生命，让我站在了每一个孩子都是大写的人的高度去看待教育，改变了我的学生观、家长观，促使我走上了一条阅读、写作、实践、思考的道路，让我陪伴孩子们成长的同时自己也幸福地成长。

高：您的班本课程、诗化教育带领学生成长，您觉得在特色班级的创建中，最重要的是什么？如何才能找到属于自己的班级特色管理？

许：特色班级管理，我认为最主要的是结合自己的特长，融入自己的思考，形成自己带班的特点和亮点。我就抓住了自己喜欢文学的特点，给孩子送诗、送歌，让教育弥漫诗意；同时，结合每一个班的特点，因班制宜地开发一些班本课程，挖掘学生的兴趣点，促进学生的成长点，迸发学生的思维点，让班级形成一个向上、温馨的场域。

班主任本身的爱好、特长就能作为自己的班级特色管理，比如爱好体育的可以成立班级篮球队，喜欢唱歌的可以创建音乐特色班级，喜欢美术的可以创建美术特色班级……构建班级特色，从班主任自身的优势入手，班主任信手拈来又兴致勃勃。

高：您评上了德育特级，说实话，不想当将军的士兵不是好士兵，很多年轻教师和我一样，在羡慕的同时，也很想知道，面对未来，我们年轻教师该如何规划好自己的专业成长呢？

许：现在，相比我们刚工作时，的确属于一个好时代，学习的途径多、渠道多、资源多。我们那会儿，还没有一本参考书，上课全凭靠自己摸着石头过河。现在，在线的研讨学习很多，资源很多，随时随地都可以学习，只要你有一颗向上的心。

养成勤于思考、反思的习惯，多记录，多积累，多参加一些在线的学习，比如多聆听或参加浙班的研讨等，在聆听和交流中提升自己的专业水平。

年轻老师，可以先列一个规划：三年，在学校成为领导放心的优秀班主任，有自己的带班亮点；五年，成为区域德育骨干，有自己的带班特点；八年，成为有影响的地级市德育专家，有自己鲜明的带班特色……

高：您写了很多的教育专著，很多人很难想象，一个小学老师，能够写那么多书。很多老师觉得，每天在学校里已经忙得焦头烂额，哪有时间写那么多东西？您是如何规划自己的教育时间、生活时间的？

许：我经常利用出差、临睡前等边角时间进行阅读，汲取养料。每周坚持至少记录一两篇教育反思或教育故事，除了用电脑敲打文字，还利用讯飞语记等App，用语音记录的方式，随时随地记录，然后再传到电脑上修改。

努力工作是为了更好地生活。每天锻炼时间、陪儿子时间不能少。寒暑假、节假日多出去旅行，放松心情。

高：说说您和浙班的故事吧。您觉得浙班对于我们的价值，在哪里？

许：浙班的学术讲座和探讨，只要我有空，一定会收听，努力从一些优秀班主任身上吸取一些经验，汲取前进的动力。每次看到群中有老师获奖或大家在祝福的时候，我都非常感动于浙班的这份温暖和鼓励。同时也默默鞭策自己，要继续努力。浙班的温馨，对年轻老师的激励非常大。想当年，我进入"教育在线"论坛，就是一批非常优秀的网友给我这只菜鸟鼓励，让我汲取力量，勇敢前进。

高：您能否推荐一些与教育教学相关的书籍/杂志/订阅号？

许：苏霍姆林斯基的《给教师的一百条建议》、王晓春老师的《做一个专业的班主任》、李镇西的《做最好的班主任》、美国雷夫老师的《第56号教室的奇迹：让孩子变成爱学习的天使》等都是对我影响很大的书。还有我出版的比较畅销的《不吼不叫，做智慧班主任》等专著。

杂志推荐阅读《班主任》和《班主任之友》。

高：新学期即将到来，对于初入讲坛的年轻班主任，您觉得可以如何入手带好一个班？

许：初入讲坛，新班主任最主要的是用心。用心地对待孩子们，用心地观看同办公室有经验的优秀班主任，用心地与家长沟通，多问，多观察，多反思，多分析，多请教，不耻下问，多记录，往往在记录的过程中，思路会越来越清晰，享受从不会到会的过程。

高：在社会上，对老师有很多误解和偏见，而在教师群体中，很多的老师产生了抱怨的情绪。您觉得，作为教师，如何去管理好自己的消极情绪呢？

许：多与积极向上富有正能量的同事交往。你与之交往的人，就决定了你的未来。不抱怨，不牢骚，每一份职业都有令人厌倦之处。业余，多参加运动，多学习一份才艺，通过写作、插花、瑜伽、户外旅行等释放自己的消极情绪。

每天用积极阳光的心态参加工作，既然选择了做老师，那就开开心心地做，从这份职业中体验到乐趣。为自己开一朵花吧！

谢谢青年才俊高飞老师！